# SANFONA SEM SEGREDOS
DO ZERO AS SUAS MÚSICAS FAVORITAS

Editora Appris Ltda.
1.ª Edição - Copyright© 2023 dos autores
Direitos de Edição Reservados à Editora Appris Ltda.

Nenhuma parte desta obra poderá ser utilizada indevidamente, sem estar de acordo com a Lei nº 9.610/98. Se incorreções forem encontradas, serão de exclusiva responsabilidade de seus organizadores. Foi realizado o Depósito Legal na Fundação Biblioteca Nacional, de acordo com as Leis nºs 10.994, de 14/12/2004, e 12.192, de 14/01/2010.

Catalogação na Fonte
Elaborado por: Dayanne Leal Souza
Bibliotecária CRB 9/2162

| | |
|---|---|
| C957s 2024 | Cruz, Marx Marreiro<br>Sanfona sem segredos: do zero as suas músicas favoritas / Marx Marreiro Cruz. – 1. ed. – Curitiba: Appris, 2023.<br>133 p. : il. color. ; 21 cm.<br><br>ISBN 978-65-250-6196-2<br><br>1. Sanfona. 2. Música. 3. Método. 4. Acordeom. I. Cruz, Marx Marreiro. II. Título.<br><br>CDD – 780.28 |

**Appris** editora

Editora e Livraria Appris Ltda.
Av. Manoel Ribas, 2265 – Mercês
Curitiba/PR – CEP: 80810-002
Tel. (41) 3156 - 4731
www.editoraappris.com.br

Printed in Brazil
Impresso no Brasil

Marx Marreiro Cruz

# SANFONA SEM SEGREDOS
DO ZERO AS SUAS MÚSICAS FAVORITAS

## FICHA TÉCNICA

| | |
|---:|---|
| EDITORIAL | Augusto Coelho |
| | Sara C. de Andrade Coelho |
| COMITÊ EDITORIAL | Ana El Achkar (UNIVERSO/RJ) |
| | Andréa Barbosa Gouveia (UFPR) |
| | Conrado Moreira Mendes (PUC-MG) |
| | Eliete Correia dos Santos (UEPB) |
| | Fabiano Santos (UERJ/IESP) |
| | Francinete Fernandes de Sousa (UEPB) |
| | Francisco Carlos Duarte (PUCPR) |
| | Francisco de Assis (Fiam-Faam, SP, Brasil) |
| | Jacques de Lima Ferreira (UP) |
| | Juliana Reichert Assunção Tonelli (UEL) |
| | Maria Aparecida Barbosa (USP) |
| | Maria Helena Zamora (PUC-Rio) |
| | Maria Margarida de Andrade (Umack) |
| | Marilda Aparecida Behrens (PUCPR) |
| | Marli Caetano |
| | Roque Ismael da Costa Güllich (UFFS) |
| | Toni Reis (UFPR) |
| | Valdomiro de Oliveira (UFPR) |
| | Valério Brusamolin (IFPR) |
| SUPERVISOR DA PRODUÇÃO | Renata Cristina Lopes Miccelli |
| PRODUÇÃO EDITORIAL | Daniela Nazario |
| REVISÃO | Manuella Marquetti |
| DIAGRAMAÇÃO | Andrezza Libel |
| CAPA | Marx Marreiro |
| | Wilmax Marreiro |
| | Lucielli Trevizan |
| REVISÃO DE PROVA | Jibril Keddeh |

# SUMÁRIO

**.INTRODUÇÃO | 7**
**.A HISTÓRIA DO ACORDEOM | 9**

**.NOMENCLATURA: ACORDEOM, SANFONA OU GAITA? | 11**
Sanfona ........................... 11
Gaita de fole ....................... 12
Gaita ............................. 13
Harmônica ......................... 13

**.POSICIONAMENTO DA SANFONA | 14**

**.TECLADO | 16**

**.BAIXOS | 17**

**.CADERNO DE TEORIA | 19**
Pentagrama ou pauta ................ 20
Posição das notas na pauta .......... 21
Valores de tempo das notas .......... 21
Clave de fá nos baixos da sanfona .... 22
Cifras ............................. 23
Compasso ......................... 23
Fórmula de compasso ............... 24
Sustenido ......................... 25
Bemol ............................ 25
Ritornello ......................... 25
Bequadro ......................... 26
Ligadura .......................... 26
Ponto de aumento .................. 27
Ritornelo .......................... 27
Casa 1 e casa 2 .................... 28
Staccato .......................... 28
Legato ............................ 28
Tercina ........................... 29

**.MÚSICAS DIDÁTICAS | 31**
Numeração dos dedos ............... 32
Abertura e fechamento do fole ....... 32
Minhas primeiras notas .............. 34
Exercício para digitação ............. 35

Posicionamento dos baixos ........... 36
Exercícios preparatórios dos baixos maiores ........................ 37
Baixos alternados .................. 46
Forma maior ....................... 46
Forma menor ...................... 47
Forma com sétima .................. 47
Sugestão de repertório .............. 56
Baixos alternados de forró ........... 58
Sugestão de repertório .............. 65
Baixo de guarânia .................. 67
Sugestão de repertório .............. 70

**.ACOMPANHAMENTO EM ACORDES | 73**
Formação de escalas ................ 74
Formação de escalas ................ 75
Campo harmônico .................. 76
Tons relativos ...................... 77
Posição dos dedos nos acordes ....... 79
Inversão de acordes ................. 80

**.ESTUDOS AVANÇADOS | 85**
O baixo solto ...................... 86
O resfolego ou *bellow shake* ........ 87
Acorde meio diminuto ou Xm7(B5) ... 93
Sugestão de estudo do baião avançado .. 95
Sugestão de estudo do forró avançado .. 97
Sugestão de estudo do arrasta-pé .... 99
Sugestão de estudo da vaneira ...... 101
Sugestão de estudo do choro ....... 103
Sugestão de estudo do tango ....... 105

**.ESCALAS E ARPEJOS | 109**
Escala maior ...................... 110
Escala menor natural ............... 113
Escala menor harmônica ........... 116
Arpejo maior ..................... 119
Arpejo menor .................... 122

**.DICIONÁRIO DE ACORDES | 127**

# SANFONA SEM SEGREDOS
DO ZERO AS SUAS MÚSICAS FAVORITAS

# Introdução

Estamos prestes a adentrar em um mundo novo, de experiências aprendizado e de muito conhecimento musical. Conhecer a sanfona e dominar este instrumento maravilhoso requer esforço, dedicação e coragem. Ninguém além de você mesmo é capaz de te fazer evoluir nesta caminhada, e cada aprendizado, nota, frase, ou música aprendida virá como um prêmio do seu dia a dia se relacionando com a sanfona e com a música.

O método "Sanfona Sem Segredos" é um conjunto de passos a serem seguidos em direção a sua primeira música. Os exercícios propostos nele buscam te apresentar as ferramentas certas para você aprender a tocar sanfona do absoluto zero. De uma forma progressiva e didática vamos desenvolver o conhecimento corporal do teclado, do baixo, do fole e as relações entre eles e através de uma série de músicas didáticas transformar esse conhecimento em música!

O seu progresso será guiado pela sua dedicação e esforço, qualquer pessoa pode aprender a tocar sanfona, desde que ela disponibilize um mínimo de tempo para o estudo semanal, assim como qualquer aprendizado é necessária uma rotina de estudos.

Espero que o livro te ajude nessa linda caminhada e que você possa o quanto antes estar tocando as suas músicas favoritas na sanfona.

Pronto para começar?!

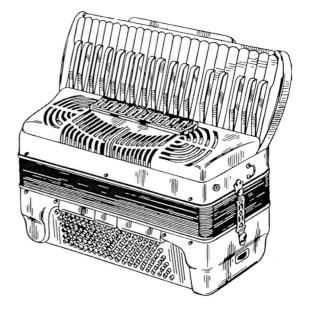

# SANFONA SEM SEGREDOS
DO ZERO AS SUAS MÚSICAS FAVORITAS

# A História do Acordeom

O primeiro modelo de acordeom de que se tem registro foi inventado em 1829, quando Cyril Demian patenteou em Paris o primeiro instrumento denominado "akkordion". A invenção de Demian se constituía em uma série de teclas de metal, ligadas a uma caixa de madeira e conectadas a um **fole**, e sua característica principal era a capacidade de executar acordes com apenas uma tecla.

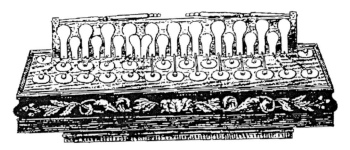

"AKKORDION"

"SHENG"

O caminho desde a invenção do acordeom até o seu design atual foi bem longo. Ele se inicia com a chegada do sheng à Europa. O sheng é um instrumento chinês que consiste em vários tubos de metal, cada um com uma **palheta livre** dentro, que soa com a passagem do ar (sopro). Muitos instrumentos já faziam uso das palhetas como fonte principal de produção do som, por exemplo: o clarinete e as gaitas de fole possuem palhetas de madeira que se apoiam nos lábios do músico e são assopradas para produzir som. O oboé também faz uso de palhetas, mas, no caso, são palhetas duplas, uma palheta de madeira encostada na outra, ambas em contato com os lábios do músico, soando também por meio do sopro.

Apesar dos experimentos, poucos eram os registros de instrumentos musicais com palhetas livres, ou seja, que não tinham contato com outras superfícies. Após a chegada do sheng, muitos instrumentos de palhetas livres começaram a ser inventados e experimentados na França, Alemanha, Itália, Suíça, Rússia e nos países do leste europeu.

Essa variedade de inventos, instrumentos e protótipos deu origem aos vários modelos de **acordeom** que existem hoje. Por essa razão, o acordeom é um instrumento que tem vários designs e mecânicas diferentes. Dentre eles, os principais são: acordeom piano, acordeom diatônico e acordeom cromático.

**"ACORDEOM PIANO"**

**"ACORDEOM CROMÁTICO"**

**"ACORDEOM DIATÔNICO"**

Além do acordeom, que tem várias formas e mecânicas diferentes, existem outros instrumentos musicais que dividem algumas características do acordeom: é o caso da concertina, que foi inventada e muito usada na Inglaterra, e do bandoneon, que foi inventado e fabricado na Alemanha, mas só ganhou reconhecimento e renome graças ao **tango argentino**.

**"CONCERTINA"**

**"BANDONEON"**

# Nomenclatura: Acordeom, Sanfona ou Gaita?

Existe uma dúvida muito grande sobre qual seria a forma certa de se referir ao acordeom. O nome técnico que foi registrado na primeira patente do instrumento é **"akkordion"** (que no alemão significa tocar junto, harmonizar). Esse é o termo traduzido para a maioria dos países e métodos. Há ainda algumas variações de nome, por exemplo: na Itália, o acordeom é chamado de **fisarmonica**; nos Estados Unidos e na Inglaterra, ele é definido pela gíria **squeeze box** (que, traduzindo literalmente, significaria algo como "caixa de apertar"). No Brasil, vários nomes representam o acordeom, e não está errado se referir ao instrumento por nenhum deles. Os mais usados são "sanfona", no Nordeste, e "gaita", no Sul e Centro-Oeste, e existe ainda o uso de termos como "fole", "cabeça de égua" e "pé de bode", os dois últimos servindo como apelidos carinhosos para os acordeons diatônicos de oito baixos.

## Sanfona

A sanfona (do grego, *symphonía*; pelo latim, *symphonia*; e do espanhol, *zanfona*), também conhecida como **"viela de roda"**, é um instrumento da Península Ibérica (formada por Portugal, Espanha, Andorra e Gibraltar), que data do século XI, e é um instrumento de cordas que são friccionadas por uma roda com resina. Essa roda é girada por uma manivela, produzindo um bordão (uma nota pedal), enquanto a melodia é tocada por teclas. O som produzido se assemelha ao do violino por ter cordas friccionadas e por possibilitar a execução de melodias, e se assemelha também ao da gaita de fole por ter bordões. O modelo mais atual de sanfona do século 18, a zanfona-organo, também conhecida como lira organizzata, divide várias características com o acordeom, entre elas o fato de produzir som por meio de um fole, dentro de uma caixa de ressonância. A manivela é o que faz a roda girar e tanger a corda, produzindo assim um som. A mesma manivela abre e fecha um fole dentro da zanfona, que sopra o ar através de duas fileiras de canos de ferro em formato de flautas, dispostos em duas oitavas cromáticas.

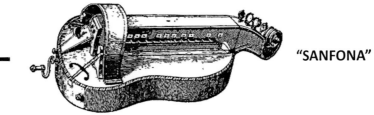

"SANFONA"

Segundo historiadores, a apresentação tanto da zanfona como do acordeom se tornou protagonista em reuniões, festas e comemorações por serem mais robustos e menos delicados do que outros instrumentos, por terem mais volume e propagarem o som para uma distância maior, por fazerem tanto as harmonias quanto as melodias das músicas e por ser possível tocá-los tanto sentado, com o instrumento no colo, quanto em pé, movimentando-se, já que ambos ficam presos ao corpo por meio de correias. É possível que venha daí o termo "sanfona", que é o mais usado para definir o acordeom no Sudeste, Norte e Nordeste do nosso país.

# Gaita de Fole

A **gaita de fole** é um instrumento da família dos aerofones, ou seja, instrumentos musicais que produzem som por meio do ar. Há muita discussão acerca das datas do seu aparecimento, mas os primeiros registros com a estética mais próxima da atual datam do século XIII.

Sua mecânica é constituída por um fole ou uma bolsa de couro, com vários tubos ligados a essa bolsa. Cada tubo tem uma função: na maioria dos casos, a gaita conta com um tubo melódico (cantadeira), por onde se digitam as notas da música; um insuflador (soprete ou assoprador), por onde se enche a bolsa de ar, e pelo menos mais um tubo melódico, por onde se emite uma nota pedal constante (bordão ou ronco), em harmonia com o tubo melódico (cantadeira). Os primeiros registros da chegada das gaitas de fole ao Brasil datam do período da colonização e, segundo esses registros, a gaita era o instrumento protagonista em festas e reuniões desde a chegada dos portugueses ao Brasil.

**"GAITA DE FOLE"**

## Gaita

Apesar de o termo **"gaita"** ter tido sua origem para nomear os instrumentos que empregavam uma bolsa de couro e tubos, a palavra nomeia inúmeros instrumentos de sopro. No sul da Espanha, em Portugal, no Brasil e em alguns outros lugares, **"gaita de fole"**, **"gaita de boca"** (ou "harmônica"), **"gaita de mão"** (ou "acordeom") e "gaita de roda" (ou "zanfona", ou "viela de roda") são algumas das formas de se nomear os instrumentos que produzem som por meio do ar e/ou que possuem palhetas livres. Existem registros até de instrumentos parecidos com flautas ou pífanos que foram e ainda são chamados de "gaitas". No Brasil, o termo "gaita" é mais usado para se referir à "harmônica" ou "gaita de boca".

## Harmônica

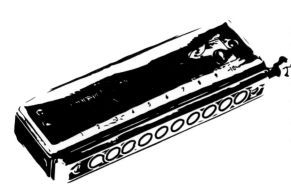

A **harmônica** é um instrumento formado por várias palhetas livres que estão dispostas em pequenas câmaras. Cada câmara tem uma pequena entrada, por onde o músico pode assoprar ou sugar o ar, fazendo a palheta vibrar e produzir som. Assim como o **acordeom**, o **bandoneon**, a **concertina** e alguns outros instrumentos que produzem som por meio de foles ou do bombeamento de ar, a harmônica também se aproveitou do conceito de palhetas livres e de outras características do sheng na sua invenção.

As similaridades entre a harmônica e o acordeom são tantas que na Alemanha a harmônica é chamada de **mundharmonika** (gaita de boca) e o acordeom, de **handharmonika** (gaita de mão). Segundo historiadores, a primeira fábrica de gaitas do Brasil, a Gaitas Hering, inaugurada em 1923 pelo imigrante alemão Alfred Hering, também produziu os primeiros acordeons do Brasil. O termo "gaita" é amplamente usado para se referir ao acordeom, principalmente no Centro-Oeste e no Sul do Brasil.

# POSICIONAMENTO DA SANFONA

A sanfona é um instrumento que fica preso ao nosso corpo, na altura do peito, por meio de correias de couro. Por conta disso, existe a possibilidade de se tocar a sanfona tanto em pé quanto sentado. As duas formas são corretas, desde que o instrumento esteja bem ajustado e alinhado ao seu corpo. Alguns aspectos podem ser levados em conta para mais conforto e um melhor desempenho na hora de tocar ou estudar a sanfona.

- **LADO DO TECLADO E BAIXO**

É indicado que o teclado seja tocado com a mão direita, e os baixos, com a mão esquerda. Assim, as digitações (dedilhados) do teclado do acordeom permanecem as mesmas das digitações feitas no teclado do piano. Lembrando que, no estudo do acordeom, as digitações de escalas, arpejos e métodos de técnica são baseadas nas digitações do piano.

**EM PÉ**

**SENTADO**

CORREIA DE OMBRO DO LADO DO TECLADO FICA ENTRE 5 E 10 CENTÍMETROS MAIOR QUE A CORREIA DE OMBRO DO LADO DOS BAIXOS.

## • ALTURA DAS CORREIAS

Não existe uma regra para a altura das correias, mas deixar a sanfona muito baixo em relação ao corpo pode atrapalhar no desempenho do sanfoneiro. Analisando muitos dos principais sanfoneiros do mundo, podemos constatar que a sanfona fica centralizada horizontalmente, com nosso braço direito em um ângulo de 90°, como podemos ver na figura da linha horizontal.

Já o posicionamento vertical da sanfona pode ser feito tendo com base na junção entre o teclado e o corpo da sanfona. Alinhando essa junção com o queixo, a sanfona fica um pouco mais à nossa esquerda, e o teclado, mais abaixo do nosso queixo. Para que esse alinhamento seja feito corretamente, a correia esquerda da sanfona (do lado dos baixos) tem que ficar dois ou três furos mais apertada (de 5 a 10 cm) em comparação à correia direita (do lado do teclado), como podemos ver na Figura da linha vertical.

**LINHA HORIZONTAL**

**LINHA VERTICAL**

---

## • CORREIA DOS BAIXOS

A correia dos baixos, que fica localizada na parte lateral da sanfona, deve ser ajustada de forma que não fique tão apertada que impeça o sanfoneiro de se movimentar entre os baixos, e ao mesmo tempo não fique larga a ponto de o sanfoneiro perder o contato com ela ao abrir ou fechar a sanfona. O ajuste deve ser feito através da **roldana de ajustes,** que está localizada acima da sanfona, como podemos ver na figura a seguir.

## • BOTÃO DE ESCAPE DE AR

O botão de escape de ar serve para abrir ou fechar o fole sem tocar nenhuma tecla ou baixo, evitando, assim, a execução de algum som e evitando também que seja exercida alguma força ou pressão no fole.

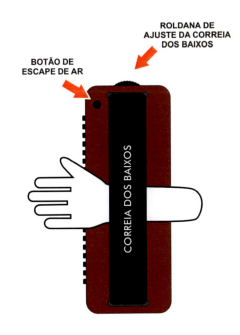

# TECLADO DA SANFONA

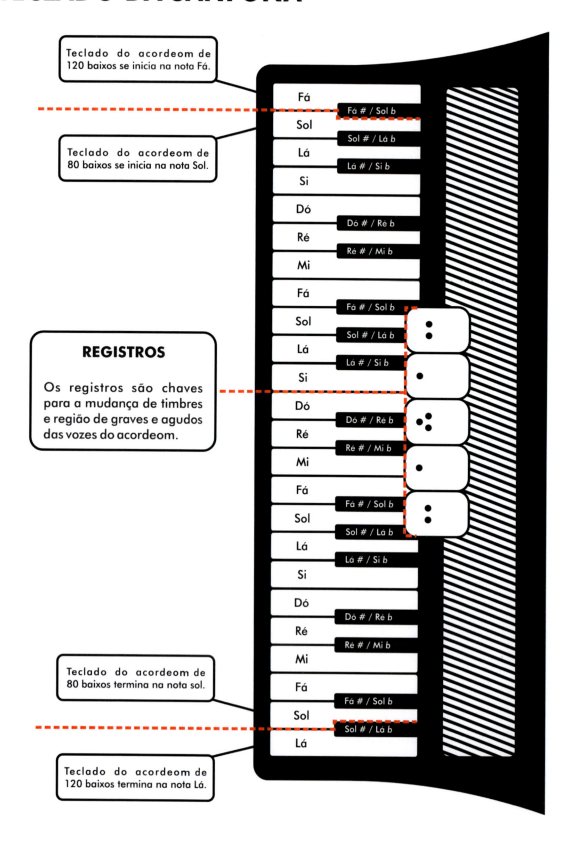

# BAIXOS DA SANFONA

Os baixos da sanfona estão dispostos da seguinte forma:

1° fileira = Contrabaixos

2° fileira = Baixos

3° fileira = Acordes maiores

4° fileira = Acordes menores

5° fileira = Acordes maiores com sétima

6º fileira = Acordes diminuto com sétima diminuta

---

Em grande parte das partituras, eles estarão indicados assim:

1° fileira = Através da nota ou cifra: Dó, Sol (ou C, G), porém com um **risco** embaixo[1].

2° fileira = Indicados pela nota ou pela cifra: Dó, Sol (ou C, G).

3° fileira = Letra **M** Maiúscula.

4° fileira = Letra **m** minúscula.

5° fileira = Número **7** ou letra **S**.

6º fileira = Pela sigla **dim** ou o símbolo °.

---

[1] O **risco** ou **sublinhado** indica que você usará os baixos da primeira fileira, e não da segunda.

# SANFONA SEM SEGREDOS
DO ZERO AS SUAS MÚSICAS FAVORITAS

CADERNO DE TEORIA

# PENTAGRAMA OU PAUTA

O **pentagrama**, ou **pauta**, é uma série vertical de cinco linhas paralelas que sinalizam ou demarcam a altura das notas. Ele é formado por cinco linhas e quatro espaços.

Essas linhas e espaços servem para localizar as notas em relação à sua altura, ou seja, quanto mais para baixo a nota estiver, mais grave ela será, e quanto mais para cima, mais aguda.

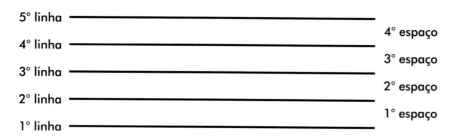

Para definir a altura certa de cada nota no pentagrama, foram criadas as **claves**, símbolos que representam uma nota específica que vai servir de ponto base para as outras. Existem três claves:

As claves são desenhos específicos que definem a localização da nota na pauta.

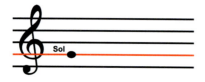
A **clave de sol** tem por característica o início do seu desenho na 2ª linha da pauta.

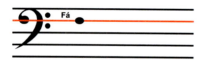
A **clave de fá** se define pelo seu desenho de dois pequenos círculos com a 4ª linha da pauta no centro.

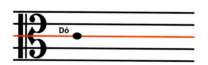
A **clave de dó** tem por característica o início do seu desenho na 3ª linha da pauta.

## POSIÇÃO DAS NOTAS NA PAUTA

Alguns instrumentos são lidos em duas claves simultâneas — é o caso do piano, do órgão e da sanfona. O posicionamento das notas nas duas claves é feito da seguinte forma: a clave de sol orienta o teclado (mão direita), e a clave de fá, os baixos (mão esquerda), como mostrado no quadro a seguir:

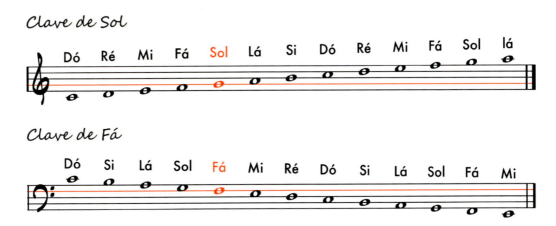

## VALORES DE TEMPO DAS NOTAS

As figuras de notação musical são como as letras do alfabeto, por meio de sua combinação, as melodias e harmonias tomam forma e fazem sentido. Cada figura é representada por um desenho, e cada desenho representa o tempo que a nota durará. Assim como a duração de uma nota, a duração de uma pausa é muito importante, por isso existem figuras para representar a duração das pausas.

O quadro explicativo a seguir contém o desenho das notas e pausas, com seus respectivos nomes e durações:

| Nº RELATIVO | NOTA | PAUSA | TEMPO | NOMENCLATURA |
|---|---|---|---|---|
| 1 OU INTEIRO | 𝅝 | 𝄻 | 4 | SEMIBREVE |
| 2 | 𝅗𝅥 | 𝄼 | 2 | MÍNIMA |
| 4 | 𝅘𝅥 | 𝄽 | 1 | SEMÍNIMA |
| 8 | 𝅘𝅥𝅮 | 𝄾 | 1/2 | COLCHEIA |
| 16 | 𝅘𝅥𝅯 | 𝄿 | 1/4 | SEMICOLCHEIA |
| 32 | 𝅘𝅥𝅰 | 𝅀 | 1/8 | FUSA |

# CLAVE DE FÁ NOS BAIXOS DA SANFONA

A leitura da partitura de sanfona é diferente de outros instrumentos na clave de fá (mão esquerda). A forma de lermos as notas foi alterada após convenção da Associação Americana de Acordeonistas, ocorrida em 1938 e que teve a participação das grandes associações de acordeonistas de todo o mundo.

Antes da convenção, a leitura da sanfona era idêntica à do piano, e o sanfoneiro adaptava a partitura escrita na clave de fá para os botões dos acordes dos baixos. A convenção teve como objetivo desenvolver uma forma específica de leitura para a sanfona, sendo alterada para o modelo que veremos a seguir:

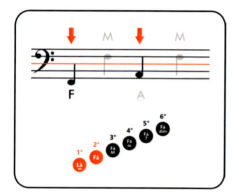

Notas abaixo da linha central (Ré) serão **baixos e contrabaixos**, tocados nos botões das **fileiras 1 e 2**.

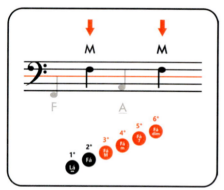

Notas acima da linha central (Ré) serão os **acordes**, tocados nos botões das **fileiras 3, 4, 5 e 6**.
Na maioria das vezes, os acordes serão acompanhados da sua **cifra** correspondente.

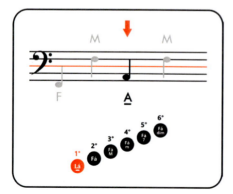

Quando houver um sublinhado na cifra da nota ou no número da digitação, indicará que a nota deve ser obrigatoriamente executada nos **contrabaixos** na **fileira 1**.

## CIFRAS

As **cifras** são uma forma de notação musical que indicam a nota ou o acorde a ser executado. No sistema de cifras, cada nota musical é representada por uma letra do nosso alfabeto. As cifras são muito usadas na música popular e são uma ferramenta muito importante para todos os instrumentos. Seguem as notas musicais, as cifras correspondentes a elas e algumas de suas variações:

| TABELA DE CIFRAS ||
|---|---|
| A | LÁ |
| B | SI |
| C | DÓ |
| D | RÉ |
| E | MI |
| F | FÁ |
| G | SOL |

| ALGUMAS VARIAÇÕES ||
|---|---|
| M | maior |
| m | menor |
| 7 ou S | sétima |
| ° ou dim | diminuto |
| + ou aum | aumentado |
| # | sustenido |
| b | bemol |

## COMPASSO

Para organizar as notas dentro da partitura, usamos o compasso. Os **compassos** são agrupamentos de figuras musicais que dividem toda a música em grupos regulares de tempo. É como se dividíssemos a música inteira em pequenos pedaços do mesmo tamanho. Os compassos são separados por uma linha vertical chamada "barra de compasso".

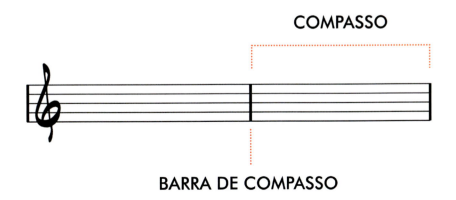

# FÓRMULA DE COMPASSO

A fórmula de compasso é a indicação numérica de quantas notas preencherão cada compasso. Colocada sempre no começo da partitura, ela é formada por uma fração que pode ser entendida da seguinte forma:

A semínima está representada pelo número 4 por ser a quarta parte de um inteiro, como podemos ver na tabela de figuras da página anterior. Todas as figuras são frações de um inteiro, e cada uma será representada no denominador pelo número correspondente da fração:

(QUADRO DE VALORES DAS NOTAS PÁGINA ANTERIOR)

No exemplo a seguir, mantemos a mesma proposta de numerador e denominador, alterando os valores das figuras rítmicas, obtendo assim um compasso de 6/8, ou seja, a capacidade total do compasso é de seis notas, e a figura que vai representar a unidade será a colcheia.

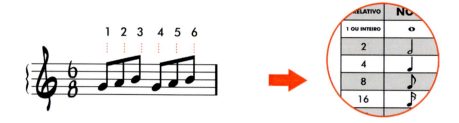

## SUSTENIDO

Sustenido é, por definição, um "acidente" na escala de notas naturais e indica que uma nota está em um semitom elevado. Nas partituras e/ou nas cifras, o **sustenido** é sinalizado pelo símbolo #, que é colocado ao lado da nota ou em cima da linha que representa a nota na pauta.

|  | Pauta | Cifra | Teclado |
|---|---|---|---|
| Sol natural |  | G |  |
| Sol sustenido |  | G# |  |

## BEMOL

Bemol também é, por definição, um "acidente" na escala de notas naturais e indica que uma nota está em um semitom mais baixo. Nas partituras e/ou nas cifras, o **bemol** é sinalizado pelo símbolo b, que é colocado ao lado da nota ou em cima da linha que representa a nota na pauta.

|  | Pauta | Cifra | Teclado |
|---|---|---|---|
| Sol natural |  | G |  |
| Sol bemol |  | Gb |  |

## RITORNELLO

Tanto o sustenido quanto o bemol têm duas formas de serem utilizados na partitura:

1. Eles podem ser colocados no começo da partitura, antes da fórmula de compasso, para indicar que o acidente permanecerá durante toda a música.

2. Podem também ser colocados ocasionalmente em uma nota específica[2].

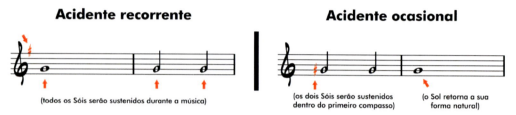

[2] Quando colocado em uma nota específica, o acidente permanecerá por todo o compasso e fará com que todas as notas ali repetidas sejam também sujeitas à alteração do sinal, seja ele sustenido ou bemol, retornando à sua forma original no compasso seguinte.

## BEQUADRO

O **bequadro** é representado pelo sinal (aqui tem um sinal de bequadro), sendo o símbolo utilizado para anular, em um determinado compasso ou trecho musical na partitura, um acidente recorrente. Por exemplo, numa música em Sol Maior (que em sua escala predomina o Fá #), se quisermos tocar o Fá natural, utilizaremos o bequadro para indicar a anulação do acidente recorrente. Assim como os acidentes ocasionais, o sinal do bequadro só vai ter efeito no compasso em que foi utilizado. No próximo compasso ou retorna-se ao acidente da clave, ou se utiliza novamente o bequadro.

## LIGADURA

A **ligadura** de tempo tem a função de somar os valores de tempo de duas notas da mesma altura, sendo possível que elas estejam no mesmo compasso ou em compassos diferentes. Ela é representada por uma linha curva (arco) entre a cabeça das notas que estão sendo ligadas.

## PONTO DE AUMENTO

**Ponto de aumento** é um ponto colocado à direita da figura da nota e que aumenta a metade do tempo de duração dessa nota. Por exemplo, se adicionarmos um ponto de aumento a uma semínima que tem duração de 1 tempo, ela passará a ter 1 tempo e meio.

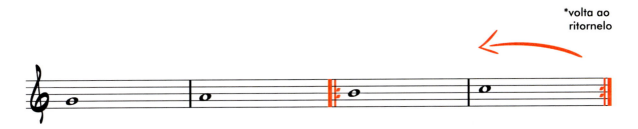

## RITORNELO

O **ritornelo** é uma marcação ou um sinal usado para delimitar um trecho musical que deve ser repetido. A marcação é composta por dois símbolos, uma que marca o início e outro que marca o final do trecho onde o ritornelo deve ser usado. Ele é representado por uma barra dupla, uma de espessura maior e outra de espessura menor, com dois pontos em paralelo.

No caso de existir somente o ritornelo de fim, a repetição deverá ser iniciada do começo da música.

# CASA 1 E CASA 2

**Casa 1 e 2,** ou casa de primeira e casa de segunda, são termos usados juntamente ao ritornelo para indicar finais diferentes para o mesmo trecho musical. A casa 1 e a casa 2 nunca são tocadas juntas, serão sempre a substituição uma da outra.

Por exemplo, no trecho anterior tocaremos na primeira vez: Sol, Lá, Si, tocamos o Si da **casa 1**, fazemos o ritornelo e voltamos ao início do trecho. Na repetição, tocamos Sol, Lá, Si, tocamos o Sol da segunda **casa 2**, substituindo assim a casa 1 pela casa 2.

# STACCATO

**Staccato** é uma articulação ou uma forma de executar a nota, deixando-a com uma curta duração. O staccato não altera o valor de tempo da nota, mas faz com que sua execução seja "rápida" e "brusca". O símbolo que define o uso do staccato é um ponto colocado acima ou abaixo da nota.

# LEGATO

**Legato** consiste em ligar as notas de um determinado trecho musical de forma que não haja nenhum silêncio entre elas. É uma forma de executar uma frase musical com as notas o mais próximo possível umas das outras. No acordeom, deve-se evitar a mudança de fole no meio da frase. O legato é sinalizado por uma linha curva (arco) entre as notas da frase.

## TERCINA

A **tercina** é na prática a divisão de um tempo em três partes iguais. Por exemplo, o natural seria dividir a semínima (1 tempo) em duas colcheias, mas se elas estiverem divididas em três colcheias e com um numeral 3 acima, indicará que é necessário executar as três notas dentro de 1 tempo. A lógica da tercina se aplica às demais figuras musicais.

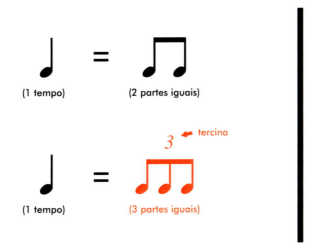
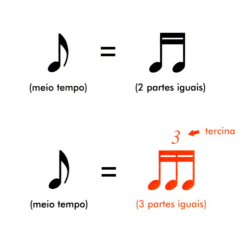

# SANFONA SEM SEGREDOS
DO ZERO AS SUAS MÚSICAS FAVORITAS

MÚSICAS DIDÁTICAS

# NUMERAÇÃO DOS DEDOS

Para facilitar a comunicação e a orientação dentro dos exercícios e nas partituras, utilizamos uma numeração que indicará a **digitação** correta para cada nota. Nas partituras, essa é a forma mais utilizada e mais eficaz de indicar a digitação para o aluno.

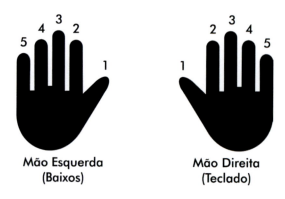

Mão Esquerda
(Baixos)

Mão Direita
(Teclado)

A numeração da **digitação** poderá aparecer das seguintes formas: juntamente ao nome da nota, como no exemplo número 1, ou somente com o dedo a ser tocado, como no exemplo número 2.

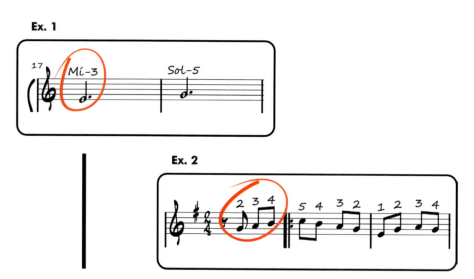

# ABERTURA E FECHAMENTO DO FOLE

O **fole** é, com certeza, a alma da sanfona. O controle do fole é uma das ferramentas mais importantes no estudo do instrumento e o seu domínio influencia diretamente no som do teclado e dos baixos. Por meio do movimento do fole é que o som do instrumento é produzido, e é com ele que o sanfoneiro se expressa. Movimentando o fole, podemos tocar o som mais forte ou mais fraco, podemos alongar as notas e damos sentimento à música. Dominar o fole é uma tarefa que demanda tanta atenção e trabalho quanto o estudo do teclado e dos baixos.

Nos primeiros estudos, vamos indicar quando mudar a direção do fole com setas:

**Seta para a esquerda**: abrir o fole;
**Seta para a direita**: fechar o fole.

Nas partituras também veremos o mesmo esquema de sinalização de abertura e fechamento do fole com as setas. Pelo ponto de vista do acordeonista, as setas terão o seguinte sentido: **abrir o fole com a seta para a esquerda, e fechar o fole com a seta para a direita.** Veja o exemplo:

Uma forma eficiente de praticar o fole logo no começo dos estudos da sanfona é sempre dividir sua abertura e fechamento em compassos pares, assim vamos sempre abrir e fechar o fole na mesma distância. Por exemplo: se abrirmos o fole durante dois compassos, também o fecharemos por dois compassos. Isso elimina a possibilidade de abrir muito o fole, atrapalhando a apresentação, e evita que o ar acabe e a sanfona se feche antes de terminar uma frase, um compasso ou uma música.

# Minhas Primeiras Notas

Usando a indicação dos números dos dedos da mão direita no teclado, toque uma nota de cada vez, alterando-as progressivamente do Dó até o Sol e retornando em seguida. É muito importante que você abre e feche o fole em cada compasso. Para que cada nota dure o mesmo tempo, uma sugestão é contar de um a quatro, simulando os segundos do relógio e pressionando o teclado durante os quatro tempos. Ao final deles, pulamos para a nota seguinte.

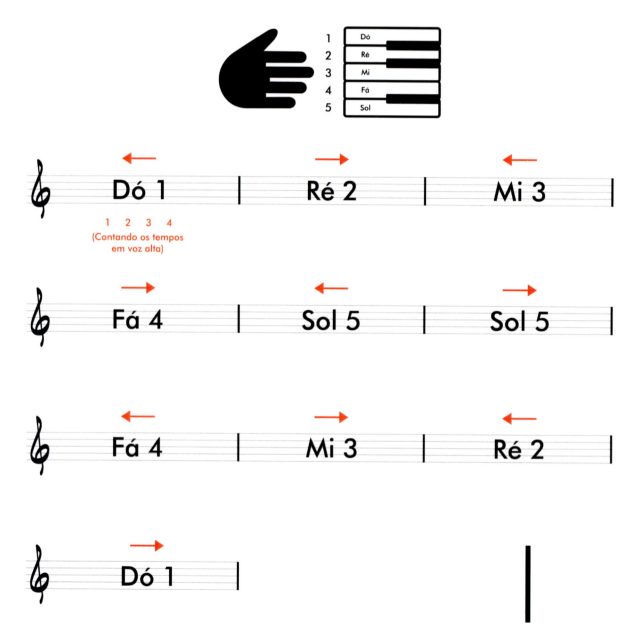

# EXERCÍCIO PARA DIGITAÇÃO

Faremos agora uma introdução ao dedilhado da mão direita nas cinco primeiras notas que vimos no exercício anterior. Vamos manter as notas, mas vamos alterar a ordem que são tocadas. Esse exercício deve ser feito por algum tempo repetindo várias vezes cada exercício e aumentando a velocidade. O fole deve alternar um compasso inteiro abrindo e o outro compasso inteiro fechando.

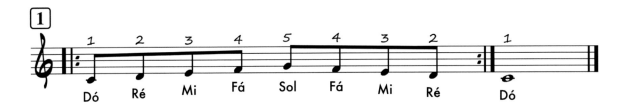

# POSICIONAMENTO DOS BAIXOS

A forma correta de posicionar os dedos da mão esquerda para tocar os baixos é com o **dedo 4** (anular) na segunda fileira de contrabaixos, contando da direita para a esquerda de quem está tocando. Nossa referência tátil é o baixo da nota Dó, já que na maioria das sanfonas ele é marcado, ou com uma superfície mais áspera, ou com uma superfície abaulada para dentro do botão, diferentemente do restante dos baixos da sanfona, cujas superfícies são completamente lisas.

Seguindo a ordem dos botões da família da nota Dó, o botão do acorde maior, representado pelo "M" maiúsculo, deverá ser apertado com o **dedo 3** (médio); o botão do acorde menor, representado pelo "m" minúsculo, deverá ser apertado com o **dedo 2** (indicador), assim como o botão do acorde de sétima, representado pelo número 7, e o botão do acorde diminuto, representado pelo símbolo °.

Com a ajuda dos quadros a seguir, toque a dinâmica de cada acorde dos exercícios:

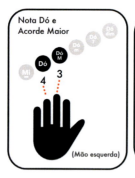
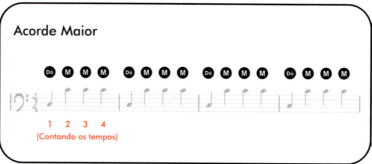
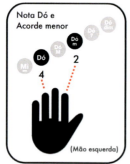
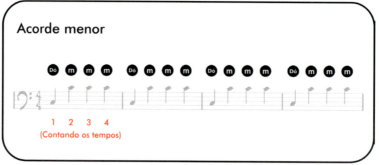
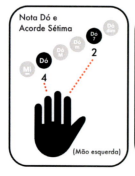
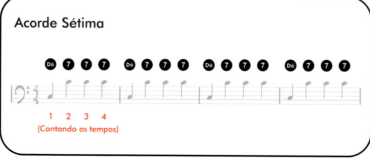

## EXERCÍCIOS PREPARATÓRIOS DOS BAIXOS MAIORES

Para iniciarmos a nossa série de músicas didáticas, que vão trabalhar todas as ferramentas necessárias para desenvolver a independência das mãos direita e esquerda, tocaremos apenas a mão esquerda:

Quando conseguirmos executar esse movimento por várias vezes consecutivas, sempre pensando em uma divisão igual de tempo entre as notas, faremos o mesmo movimento, iniciando do baixo situado acima do baixo de Dó, ambos na segunda fileira, como podemos ver no desenho a seguir:

Tocaremos com os mesmos dedos, 4 e 3, porém começando com o dedo 4 no baixo de Sol (um botão acima do botão de Dó).

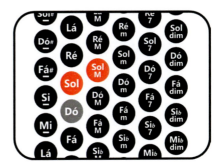

Agora tocaremos tanto os baixos de Dó e Dó Maior quanto os baixos de Sol e Sol Maior na mesma música. A ideia é passar de um para o outro sem parar, repetindo os movimentos de subida e descida pelos botões.

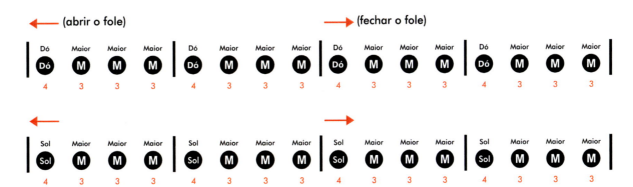

# Meu Primeiro Xote
(Xote)

Marx Marreiro

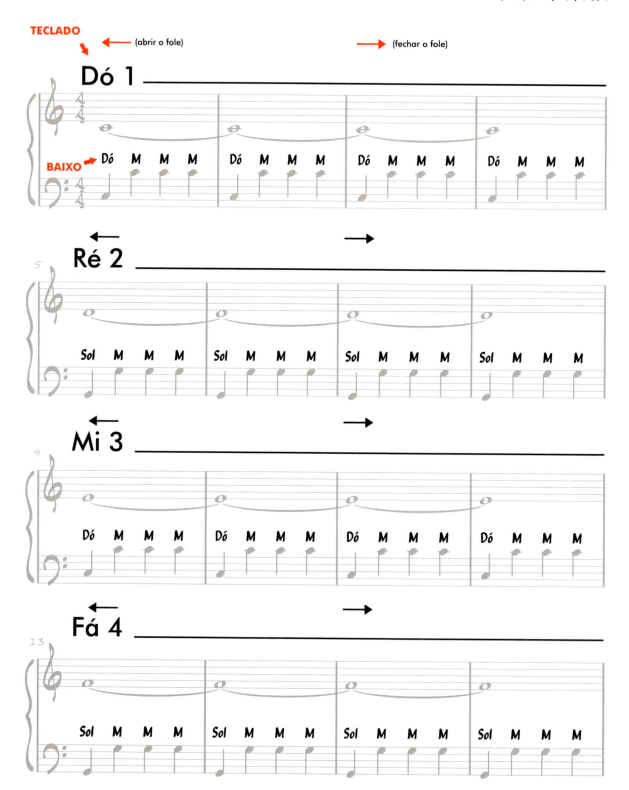

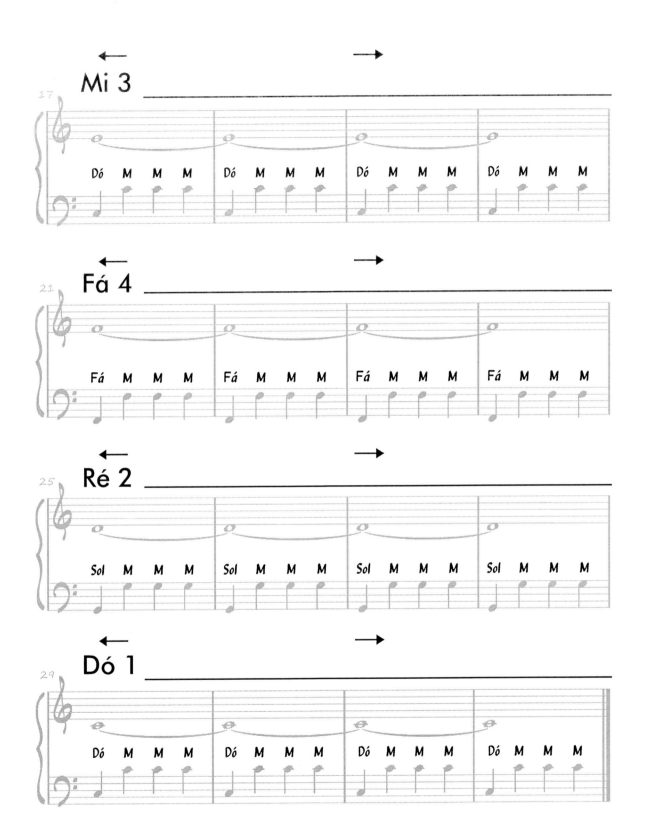

# Xoteando
(Xote)

Marx Marreiro

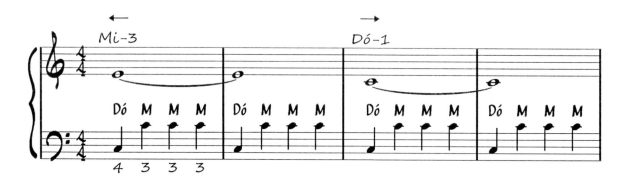
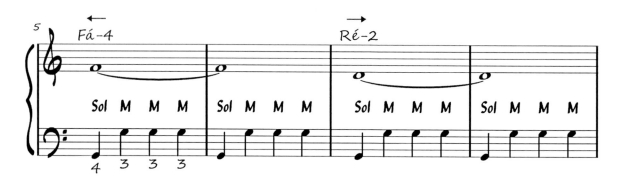
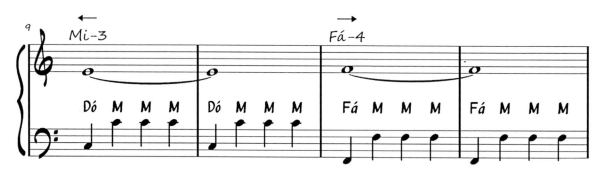
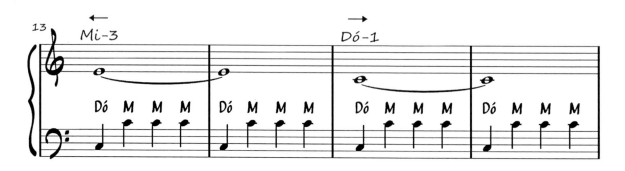

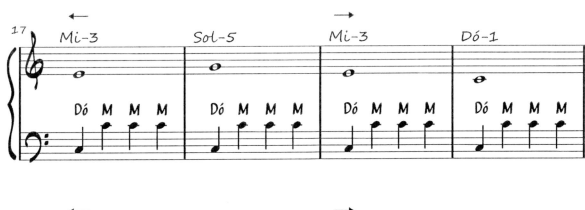
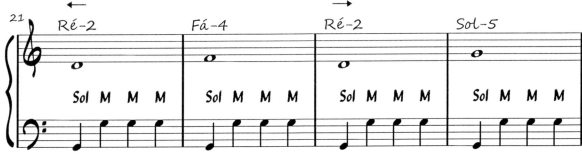
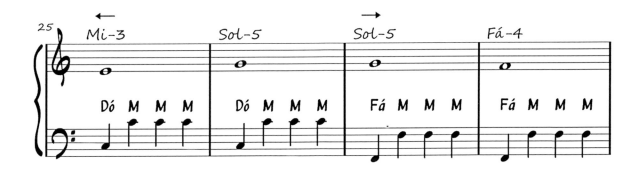
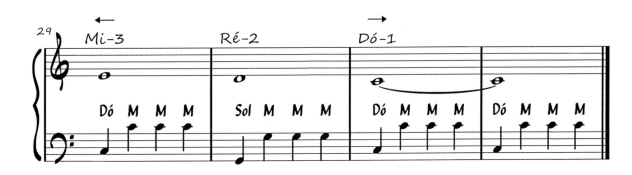

# Xote a Dois
(Xote)

*Marx Marreiro*

Nesta música didática, veremos o aparecimento do baixo de Sol com sétima. O baixo da sétima, também representado pelo 7, fica localizado na quinta fileira horizontal dos baixos e será tocado com o **dedo 2**.

# Xote Marvado
(Xote)

Marx Marreiro

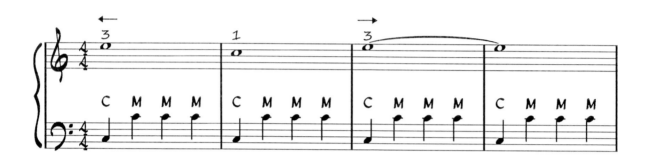
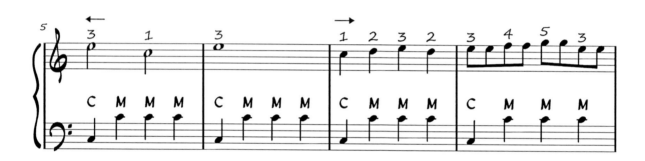
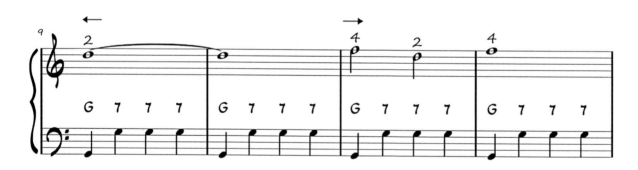

# BAIXOS ALTERNADOS

A maneira de alternar os baixos em **triângulo** é uma das formas mais comuns de darmos movimento e *swing* às músicas com a mão esquerda. Existem inúmeras formas possíveis de variarmos os baixos da 1ª, da 3ª e das 5ªˢ notas do acorde. Neste método, vamos estudar os movimentos básicos de cada estilo musical, começando pelo xote.

## FORMA MAIOR

Aprendemos nas primeiras músicas e exercícios a tocar o baixo da nota Dó no tempo 1 e a tocar o baixo do acorde Maior nos tempos 2, 3 e 4. Agora vamos substituir o baixo do terceiro tempo (acorde maior) para o baixo da nota Sol, que se encontra em cima do baixo da nota Dó na segunda fileira, utilizando o dedo 2.

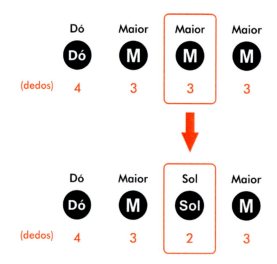

No tempo 4, continuaremos tocando o baixo do acorde Maior de Dó com o dedo 3, assim como fizemos no 2° tempo. Esse movimento se chama **triângulo** por causa do desenho que é formado nos baixos que serão tocados ao repetir o baixo de Dó Maior com o dedo 3:

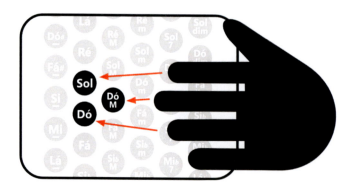

## FORMA MENOR

Na forma menor, inverteremos os dedos que fazem o acorde e o baixo da quinta nota do acorde. Dessa forma, manteremos o baixo da tônica (Ré) com o dedo 4, faremos o baixo do acorde Menor (m) com o dedo 2 e o baixo da quinta (Lá) com o dedo 3.

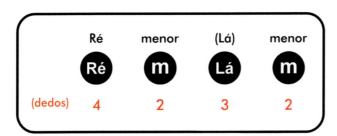
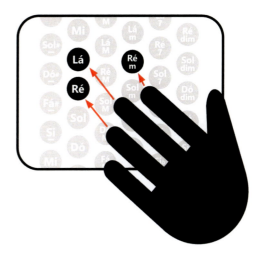

## FORMA COM SÉTIMA

Na forma com Sétima, manteremos os mesmos dedos da forma Menor: o baixo da tônica (Sol) com o dedo 4; o baixo do acorde com Sétima (7), com o dedo 2, e o baixo da quinta (Ré) com o dedo 3.

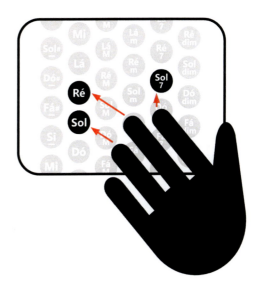

# Xoteando
(Xote)

Baixos alternados

Marx Marreiro

# Xote a Dois
(Xote)

Baixos alternados  Marx Marreiro

# Xote Marvado
(Xote)

Baixos alternados

Marx Marreiro

# Dois Pra Lá, Dois Pra Cá
(Xote)

Marx Marreiro

# SUGESTÃO DE REPERTÓRIO

## ESPUMAS AO VENTO
(Xote)

Aciolly Neto

## MORENA TROPICANA
(Xote)

Alceu Valença

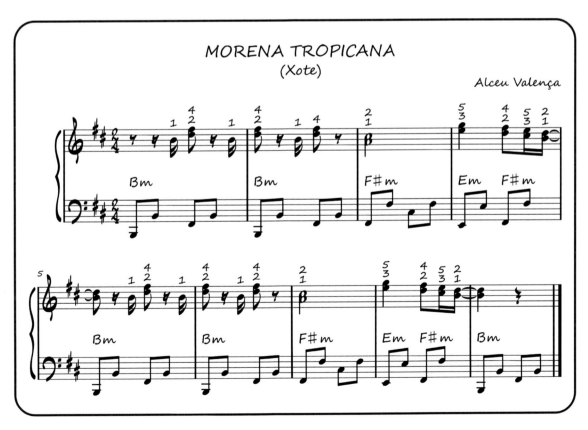

# BAIXOS ALTERNADOS DE FORRÓ

O termo "forró" é utilizado para definir a festa ou o encontro em que as pessoas dançam e tocam diversos ritmos musicais nordestinos, como: forró, xote, baião, arrasta-pé, xaxado, maracatu, entre outros. A palavra "forró" também é utilizada para nomear um ritmo nordestino específico. O padrão rítmico que vamos aprender agora nos baixos pode ser utilizado inicialmente tanto no forró quanto no baião, no xaxado e no samba, ficando a cargo dos instrumentos de percussão (zabumba, triângulo, bateria, agogô etc.) definirem e alternarem esses ritmos. Na parte avançada do método, vamos sugerir padrões rítmicos específicos para se tocar o baião e o forró.

Inicialmente, vamos fazer marcando com palmas os locais onde o baixo vai tocar. Contamos com a boca os tempos de um até oito e batemos palmas somente onde os baixos tocam, como no exemplo a seguir:

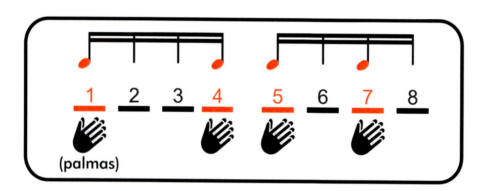

Agora faremos o mesmo exercício utilizando os baixos da sanfona. Uma boa forma de exercitar esse acompanhamento é com o metrônomo, ou contando até o número oito e sempre executando o triângulo dos baixos nos números **1, 4, 5 e 7**. Repetindo a mão esquerda várias vezes, aos poucos vamos internalizando esse "*swing*" ou "síncope", somente após conseguirmos executar a mão esquerda por diversas vezes, tanto nas formas maiores, menores e sétima, adicionamos a mão direita.

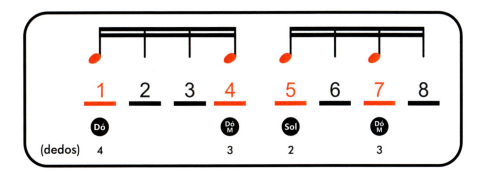

Na pauta, os baixos estão dispostos desta forma:

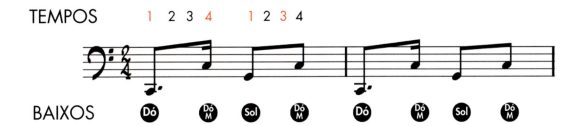

# Forró Danado
(Forró)

Marx Marreiro

# Forró Pra Trás
(Forró)

Marx Marreiro

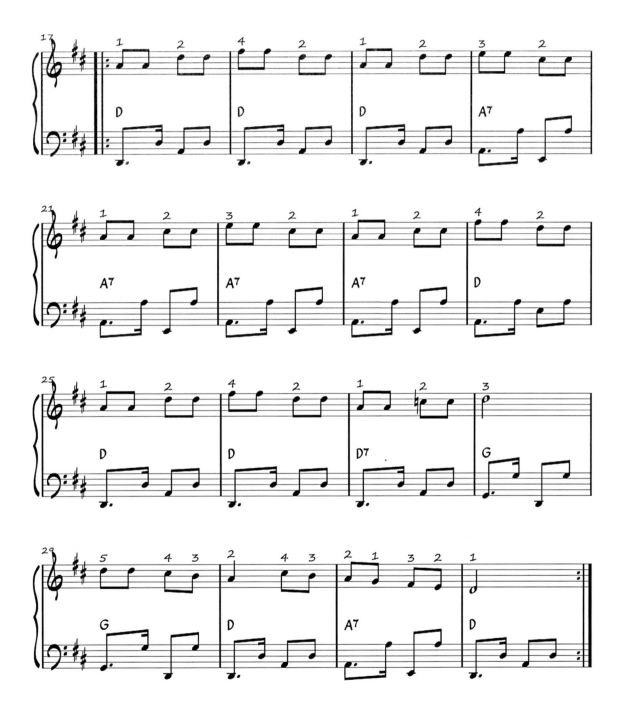

# Forrozeando
(Forró)

Marx Marreiro

# SUGESTÃO DE REPERTÓRIO

ANUNCIAÇÃO
(Forró / Baião)
Alceu Valença

ASA BRANCA
(Forró / Baião)
Luiz Gonzaga

## ASSUM PRETO
(Forró / Baião)

*Luiz Gonzaga*

## FEIRA DE MANGAIO
(Forró / Baião)

*Sivuca / Clara Nunes*

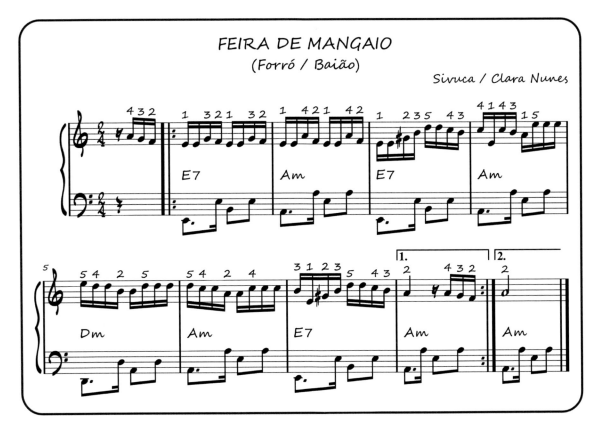

# BAIXO DE GUARÂNIA

A guarânia é um ritmo musical de origem paraguaia e alguns pesquisadores acreditam que ela foi introduzida no Brasil através do Mato Grosso do Sul, quando muitos paraguaios vieram trabalhar no Brasil no ciclo da erva mate.

A partir da década de 40, tornou-se um dos gêneros mais utilizados pelos compositores da música sertaneja. A guarânia é um ritmo musical com base no compasso ternário e é conhecida pelo termo "modão".

Vamos começar estudando os tempos e baixos para executar a guarânia. Contando em voz alta os tempos 1, 2 e 3, tocaremos os baixos de Dó, Mi e Sol, utilizando o dedo 4, dedo 4 novamente na primeira fileira e dedo 2.

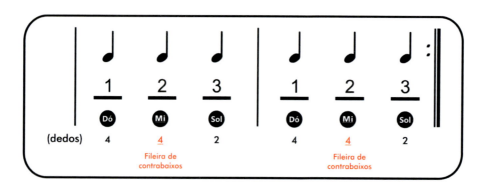

*Esse é o padrão rítmico básico para tocar a guarânia.

Após estarmos bastante seguros em tocar e contar os tempos, vamos adicionar o acorde de Dó Maior entre o primeiro e o segundo tempos do compasso. Para simbolizar esse acorde e mantermos a fala durante o exercício, utilizaremos a vogal "Ê". Então nossa contagem ficará: 1 Ê, 2, 3. Lembrando que os tempos entre as notas 1, 2 e 3 permanecem os mesmos, a nota "Ê" entrará na metade entre os tempos 1 e 2.

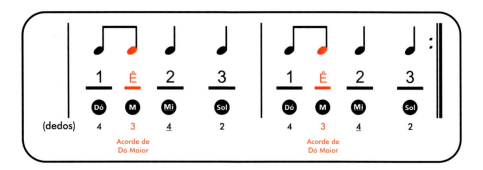

*Esse é o padrão rítmico intermediário para tocar a guarânia.

Podemos também adicionar mais um acorde entre o segundo e o terceiro baixo, fazendo isso o padrão rítmico da guarânia ficarará mais completo.

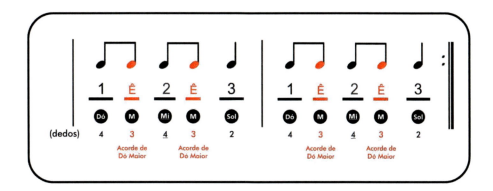

*Essa é o padrão rítmico avançado para tocar a guarânia.

# La na Minha Roça
(Modão / Guarânia)

Marx Marreiro

# SUGESTÃO DE REPERTÓRIO

## BOATE AZUL
("Modão"/ Guarânia)

Benedito Seviero

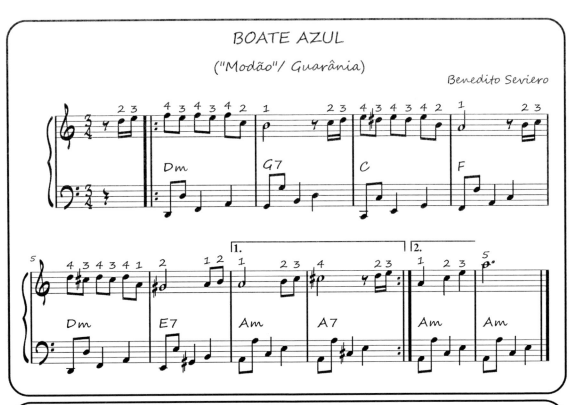

## TELEFONE MUDO
("Modão"/ Guarânia)

Trio Parada Dura

# SANFONA SEM SEGREDOS
DO ZERO AS SUAS MÚSICAS FAVORITAS

# FORMAÇÃO DE ESCALAS

A palavra **"escala"** tem sua origem no latim, da palavra *scala*, que quer dizer gama ou escada. E é justamente na ideia de subida e descida em (de)graus que consiste o seu conceito musical. A escala é uma forma de organizar e padronizar as notas pela distância de tons e semitons. Para se formar a escala maior, precisaremos utilizar uma forma que será a base para a estruturação das escalas em outros tons. Essa forma se baseia nas distâncias entre os tons e semitons.

Existem inúmeras escalas, mas inicialmente estudaremos apenas as escalas maiores, menores e menores harmônicas.

A nota Dó tem um semitom ou meio tom de distância da nota Dó#, que também tem um semitom de distância da nota Ré, totalizando um tom inteiro de distância entre as notas Dó e Ré. Entre as notas Mi e Fá, e Si e Dó, as distâncias são de semitom.

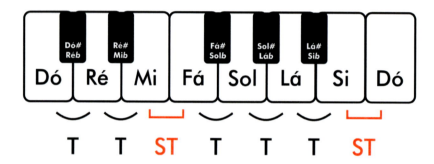

Esse padrão de distâncias entre os tons e semitons que formaram a escala de Dó Maior será utilizado para criar todas as outras escalas. Se aplicarmos esse mesmo padrão a partir de cada nota, teremos todas as outras escalas. Utilizando a fórmula citada, complete os quadros formando a escala de Sol Maior:

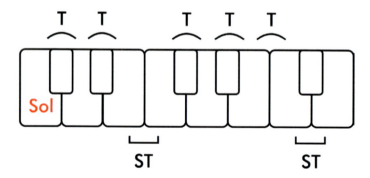

Dessa forma, concluímos que cada escala maior terá as mesmas distâncias de tons e semitons baseados no padrão T – T – ST – T – T – T – ST, e formaremos todas as escalas maiores aplicando o padrão e utilizaremos a escala para formar os acordes e o campo harmônico referente àquela escala.

# FORMAÇÃO DE ACORDES

O que é um acorde? O acorde é quando três ou mais notas são tocadas simultaneamente. Os acordes naturais são aqueles formados por três notas, que são a 1° (primeira), a 3° (terça) e a 5° (quinta) notas da escala. A seguir temos um exemplo de formação do acorde natural de Dó Maior:

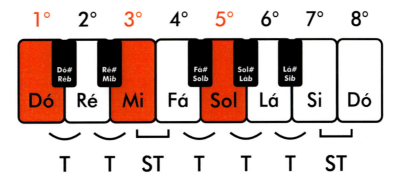

Quando tocamos simultaneamente as notas Dó, Mi e Sol, automaticamente temos um acorde de Dó Maior. Mas o que difere um acorde maior de um acorde menor?

### ACORDE MAIOR

O acorde maior é formado pela distância de dois tons entre a 1° (primeira) e a 3° (terça) notas e pela distância de um tom e meio entre a 3° (terça) e a 5° (quinta) notas.

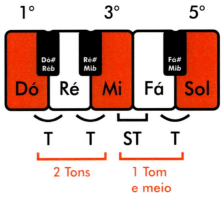

### ACORDE MENOR

O acorde menor é formado pela distância de um tom e meio entre a 1° (primeira) e a 3° (terça) notas e pela distância de dois tons entre a 3° (terça) e a 5° (quinta) notas.

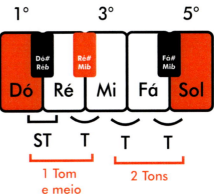

## ACORDE SÉTIMA OU DOMINANTE

O acorde maior com sétima é formado pela distância de dois tons entre a 1° (primeira) e a 3° (terça) notas e pela distância de um tom e meio entre a 3° (terça) e a 5° (quinta) notas, e tem adicionada a sétima nota da escala com a distância de um tom e meio entre a 5° (quinta) e a 7° (sétima) notas.

## ACORDE DIMINUTO OU º

O acorde diminuto é formado pela distância de um tom e meio entre a 1° (primeira) e a 3° (terça) notas e um tom e meio entre a 3° (terça) e a 5° (quinta) notas.

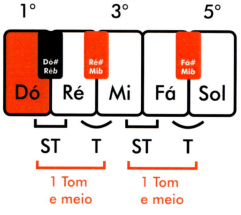

## ACORDE AUMENTADO

O acorde aumentado é formado pela distância de dois tons entre a 1° (primeira) e a 3° (terça) notas e pela distância de dois tons entre a 3° (terça) e a 5° (quinta) notas.

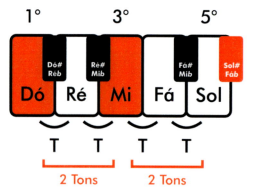

# CAMPO HARMÔNICO

**Campo harmônico** é o conjunto de acordes que se forma dentro de uma escala. Quando extraímos o campo harmônico de uma escala, temos uma visão harmônica, ou dos acordes, que podem ser usados para harmonizar ou tocar em determinado tom.

Vamos extrair o campo harmônico da escala de Dó Maior. Com base nas explicações anteriores, utilizaremos a primeira, terça e quinta notas a partir de cada nota da escala.

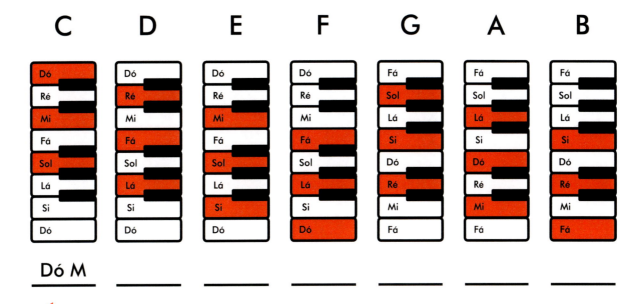

Dó M

Agora definiremos se o acorde é maior, menor ou diminuto de acordo com as distâncias entre os tonos e semitons.

(Em caso de dúvidas, consultar as explicações sobre Formação de Acordes.)

Dessa forma, concluímos que o campo harmônico da escala de Dó Maior é formado por: Dó Maior, Ré Menor, Mi Menor, Fá Maior, Sol Maior, Lá Menor e Si Diminuto.

Cada escala, ou tom, tem um determinado **campo harmônico,** que poderá ser usado para harmonizar as melodias da música. Popularmente, muitas pessoas e músicos chamam a harmonização de "acompanhar", e em diversos momentos o acordeonista se verá harmonizando ou acompanhando uma melodia ou um cantor. Por isso a importância de conhecer os campos harmônicos de cada tom e saber aplicá-los no acordeom. A série de exercícios teóricos a seguir irá te guiar e te ajudar a construir e aplicar na sanfona todos os campos harmônicos maiores e menores naturais.

## TONS RELATIVOS

Os tons relativos são tons ou escalas que partilham da mesma escala, porém em modos diferentes, um em modo maior e outro em modo menor natural. Todo tom maior terá o seu relativo menor localizado no sexto grau da sua escala.

Observe o exemplo a seguir:

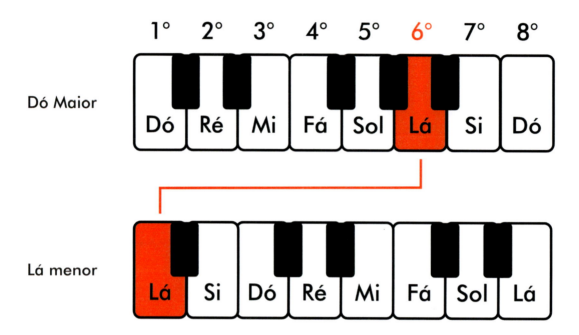

Se começarmos uma escala a partir do sexto grau de Dó Maior, o resultado será a escala de Lá Menor natural. Todas as notas das duas escalas são idênticas.

O resultado das distâncias para se formar uma escala menor natural passa a ser: T – ST – T – T – ST – T – T. Os dois tons (Dó Maior e Lá Menor) compartilharão também o campo harmônico, já que os acordes derivados das duas escalas serão os mesmos. Complete a escala de Ré Maior e forme a sua relativa menor:

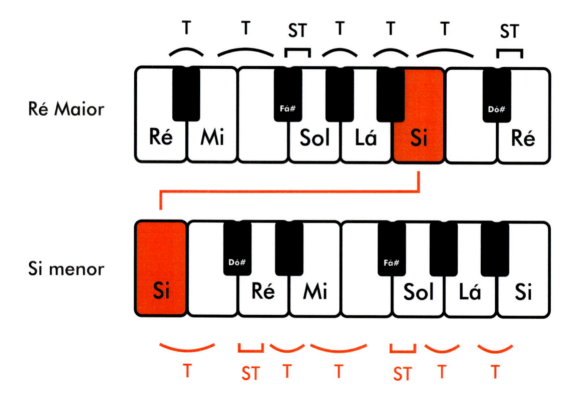

## POSIÇÃO DOS DEDOS NOS ACORDES

Iniciaremos o estudo do acompanhamento de acordes delimitando uma área menor para praticarmos as mudanças de acordes de uma forma prática e que proporcionará ao estudante da sanfona mais velocidade para mudar de acordes. Utilizaremos, nesse primeiro momento, somente as notas que estão no centro da sanfona, aplicando as notas dentro do espaço de uma oitava de Fá até o outro Fá.

Dentro desse espaço, poderemos aplicar todos os acordes maiores, menores, com sétima e diminutos, dando, assim, ao estudante um grande vocabulário de acordes. Posteriormente, o estudo poderá ser aprofundado e aplicado nas regiões mais graves e mais agudas do instrumento.

A principal ferramenta para o acompanhamento é a inversão dos acordes, visto que aplicando a inversão fundamental, a 1° inversão e/ou a 2° inversão conseguiremos fazer todos os acordes próximos uns dos outros.

Quanto aos dedos que vamos usar para tocar os acordes, nas tríades utilizaremos o dedo 1 para a primeira tecla, o dedo 2 para a segunda tecla e os dedos 4 e 5 simultaneamente para a terceira tecla. A razão de fazermos o acorde dessa maneira é que a sanfona tem uma forma muito particular de "swingar" os acordes no meio das músicas e

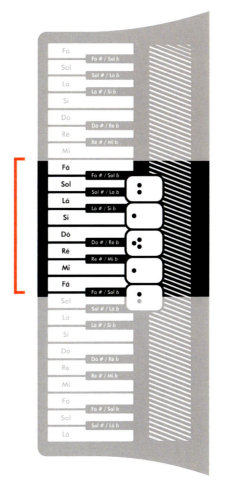

exige bastante força e postura dos dedos 4 e 5. Utilizando-os juntos nos acordes de três notas, ganhamos força, sincronismo, além de melhorar a estética, fazendo com que o dedo 5 não fique esticado para fora da sanfona.

Nos acordes com tétrade, utilizaremos os dedos 1, 2, 3 nas três primeiras teclas do acorde, e os dedos 4 e 5 juntos na quarta tecla. Estudando com calma e com a ajuda do metrônomo, rapidamente a troca dos acordes se tornará mais rápida e natural.

Vejam o exemplo a seguir:

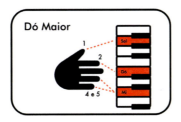
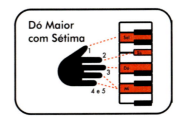

# INVERSÃO DE ACORDES

As **inversões de acordes** são as múltiplas formas de montar o acorde no pentagrama ou de tocá-lo no instrumento musical. De uma forma mais simplória e prática, podemos dizer que a "ordem dos fatores não altera o produto". Dessa forma, podemos montar o acorde começando de qualquer uma das notas que o formam.

No caso de uma tríade (acorde de três notas), podemos montar o acorde começando pela 1°, 2° ou 3° notas. Para definir qual das inversões estamos usando, foram criadas especificações:

- **ESTADO FUNDAMENTAL** é quando começamos o acorde da tônica;

- **1° INVERSÃO** é quando começamos o acorde da segunda nota do acorde;

- **2° INVERSÃO** é quando começamos o acorde da terceira nota do acorde;

Veja o exemplo a seguir no acorde de Dó Maior:

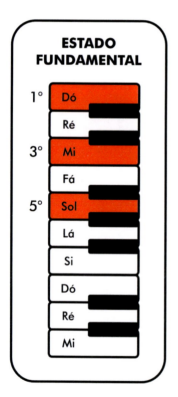
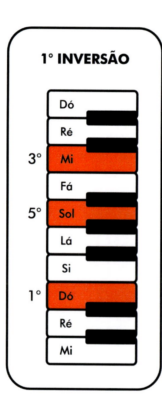
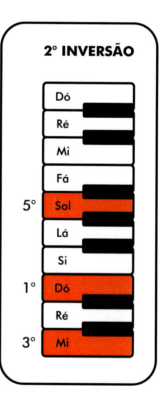

Assim, podemos constatar que os três modelos se tratam do acorde de Dó Maior, porém cada um revela uma das inversões. No caso do acordeom, é ainda mais prática a inversão dos acordes, já que os baixos da mão esquerda farão a nota mais grave do acorde, e na maioria das vezes essa nota será a tônica.

# Padrões Rítmicos de Xote

(Acompanhamento em acordes)

Marx Marreiro

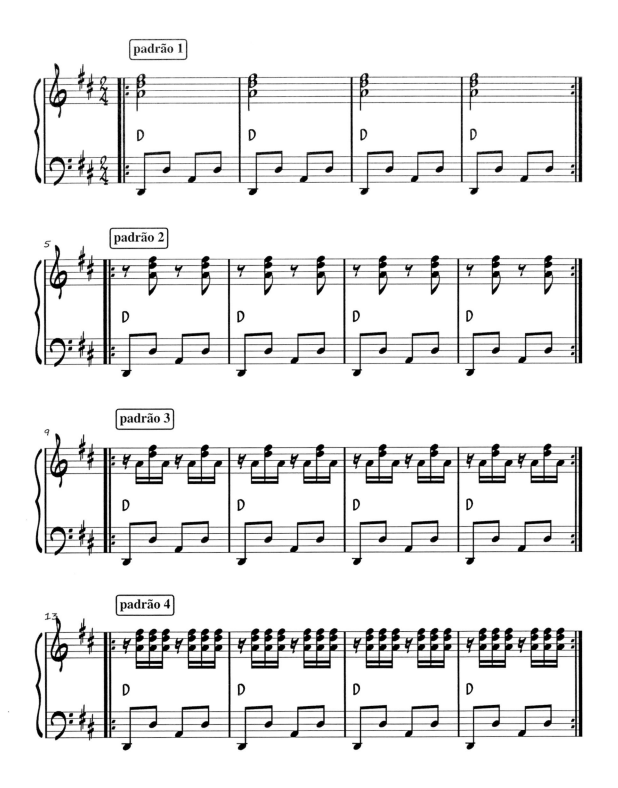

# Padrões Rítmicos de Forró / Baião
(Acompanhamento em acordes)

Marx Marreiro

# Padrões Rítmicos de Modão / Guarânia
(Acompanhamento em acordes)

Marx Marreiro

## SANFONA SEM SEGREDOS
DO ZERO AS SUAS MÚSICAS FAVORITAS

ESTUDOS AVANÇADOS

# O BAIXO SOLTO

A técnica do **"Baixo Solto"** consiste em tocar pequenos trechos ou até músicas inteiras apenas nos botões que executam uma nota única, sem o acorde. No caso das sanfonas mais populares no Brasil, usamos as duas primeiras fileiras dos baixos para desenvolver essa técnica. Existem modelos de sanfonas em outros países em que todos os botões dos baixos tocam somente notas únicas, tornando as possibilidades de solos infinitas.

O "Baixo Solto" é indicado pela sigla B.S., colocada na clave de Fá da partitura.

(trecho da música Telefone Mudo)

Quando existe a utilização do "Baixo Solto", a regra de execução da clave de Fá na sanfona, onde a linha central (nota Ré) divide a clave de Fá em notas e acordes, é cancelada e a notação passa ser apenas de notas.

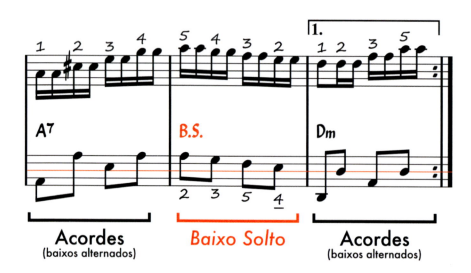

(trecho da música Sala de Reboco)

## O RESFOLEGO OU *BELLOW SHAKE*

O resfolego ou *bellow shake*, como é conhecido popularmente no Brasil, é a técnica de executar um trecho musical "atacando" cada nota com o movimento alternado de abertura e fechamento do fole. Essa repetida alternância de direção do fole causa um efeito sonoro característico da sanfona, que chama muita atenção pela dinâmica de força e pelos staccatos produzidos em cada nota.

Existem várias formas de se escrever o resfolego nas partituras. No quadro ao lado estão algumas das formas encontradas em partituras ao redor do mundo.

**Nosso método usará as setas**, mas você encontrará outras formas de escrita em outras partituras.

| DIREÇÃO DO FOLE ||
|:---:|:---:|
| abrir | fechar |
| ← | → |
| ⌐ | ⌐ |
| A (abrir) | F (fechar) |
| ⊓ | V |
| V | ⊓ |
| V | ∧ |
| V | ⌐ |

Existem também algumas formas de abreviação na escrita do resfolego. Em muitas músicas e métodos, você encontrará a escrita da seguinte forma:

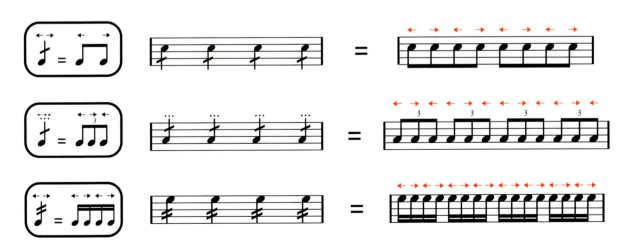

A execução e o desenvolvimento da técnica do resfolego demandam um estudo baseado na repetição feita em baixa velocidade. No início, o movimento pode parecer um pouco descoordenado, mas nada que o estudo diário não resolva em algumas semanas. O ideal é que cada golpe de fole, tanto abrindo quanto fechando, tenha a mesma força, intensidade e expressão. É isso que vamos praticar nos exercícios propostos a seguir:

1. Colcheias com a mão direita (teclado):

2. Colcheias com a mão esquerda (baixos):

3. Colcheias com as duas mãos:

## Dicas para o estudo:

- O principal objetivo do estudo do resfolego é que todas as notas soem curtas e semelhantes. São necessárias muitas repetições para que o ombro e o braço esquerdo ganhem musculatura e conforto nos movimentos, para então executar o resfolego quase automaticamente, com menos esforço e mais precisão.

- Como vamos estudar fazendo colcheias, tercinas e semicolcheias, o estudo com o metrônomo é essencial. A sugestão é começar a estudar por volta de 75 bpm (batidas por minuto), fazendo o mesmo exercício nas três divisões. Isso deixará mais claro como executar e qual a sonoridade de cada uma dessas divisões (colcheia, tercina e semicolcheia).

4. Escala de Dó Maior em tercinas com a mão direita (teclado):

5. Escala de Dó Maior em tercinas com a mão esquerda (baixos):

6. Escala de Dó Maior em tercinas com as duas mãos:

# Dicas para o estudo:

- As sugestões de estudo do resfolego visam sempre à limpeza de cada nota e a força muscular. O aluno poderá fazer os exercícios criando novos padrões, como escalas, arpejos, acordes e frases musicais com o resfolego. Lembrando-se de sempre usar os três padrões: colcheias, tercinas e semicolcheias.

7. Resfolego em semicolcheias com acordes na mão direita (teclado):

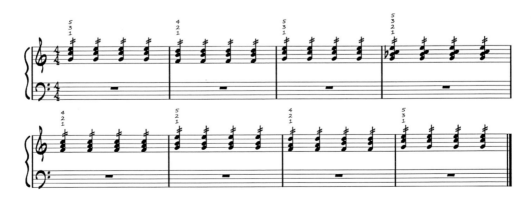

8. Resfolego em semicolcheias com baixos soltos na mão esquerda (baixos):

9. Resfolego em semicolcheias com acordes nas duas mãos:

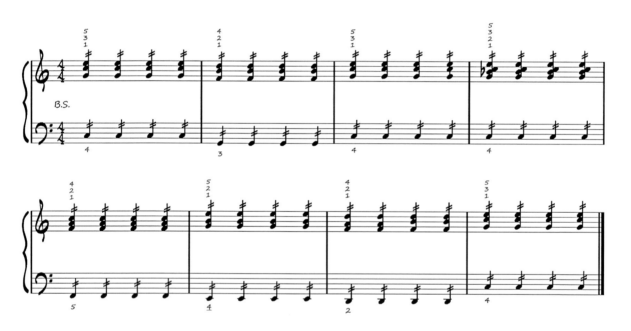

Usando todas as ferramentas apresentadas anteriormente sobre o estudo do resfolego, vamos aplicar e desenvolver a técnica na introdução de duas músicas:

# Introdução de "Sala de Reboco"
(Xote)

*Luiz Gonzaga*

*Estudo da técnica de Refolego*

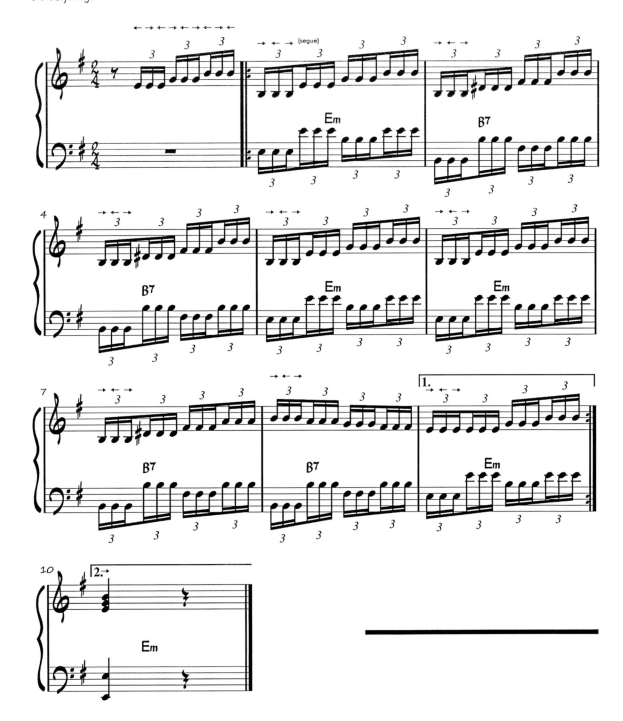

# Introdução de "Chinelo de Rosinha"
(Forró)

Trio Nordestino

*Estudo da técnica de Refolego*

## ACORDE MEIO DIMINUTO OU Xm7(B5)

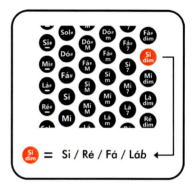

Como já vimos anteriormente, no início do método, na última fileira de botões da sanfona se localizam os acordes de Sétima Diminuta, ou seja: um acorde formado pela 1ª, 3ª Diminuta, 5ª Diminuta e 7ª Diminuta. Vamos usar o acorde de Si Diminuto como exemplo. Se aplicarmos as distâncias de um tom e meio entre a 1ª, 3ª, 5ª e 7ª notas do acorde, teremos: **Si – Ré – Fá – Lá Bemol**. Em uma análise superficial e direta, esse acorde não pertence ao campo harmônico de Dó Maior.

Como não existe nos botões dos baixos da sanfona um acorde diminuto somente com a tríade, teremos que formar o acorde Meio Diminuto para executarmos como sétimo grau da escala maior. Usaremos as distâncias de um tom e meio entre a 1ª, 3ª e 5ª notas do acorde, e a distância de dois tons entre a 5ª e a 7ª notas. Como resultado, teremos o acorde de Si Meio Diminuto:

B "meio diminuto", B⌀ ou Bm7(b5)

Para executarmos esse acorde nos baixos da sanfona, vamos separar o acorde em dois, sendo assim, se retirarmos a primeira nota do acorde (tônica), as outras três notas resultarão em um acorde de Ré Menor:

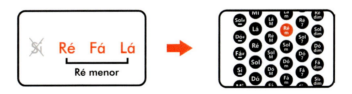

Vamos usar o acorde de Ré Menor, que está localizado na segunda fileira de botões, acima do Dó, exatamente como fazemos ao tocar o acorde de Ré Menor, com o dedo 2. Para completar o acorde de **Si Meio Diminuto,** usaremos o dedo 5 no Si que está localizado na primeira fileira, em frente ao botão de Sol, como demonstrado no exemplo:

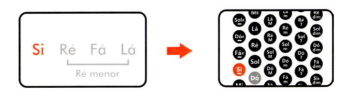

Agora vamos montar o acorde de Si Meio Diminuto completo nos baixos da sanfona. Existem duas formas: no exemplo da **Figura 1**, a forma facilita a alternância dos baixos entre a 1ª, 3ª e 5ª, de acordo com o "baixo triângulo" e o ritmo tocado. O exemplo também conta com a proximidade dos acordes do campo harmônico de Dó Maior e, por isso, essa é a forma mais usada:

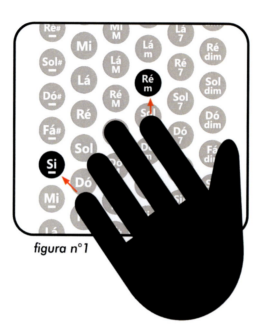

figura nº1

Na **Figura 2**, o baixo da nota Si será tocado na 2ª fileira de botões, com o dedo 2, e o acorde de Ré Menor será tocado na 4ª fileira de botões, com o dedo 4.

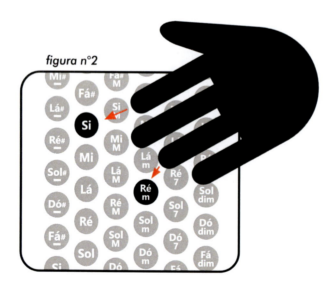

figura nº2

Ambas as formas têm a mesma sonoridade e estão corretas, cabe ao aluno ou músico adaptar a execução de acordo com as músicas em que existe o acorde de Meio Diminuto, ou Xm7(b5).

# SANFONA SEM SEGREDOS
DO ZERO AS SUAS MÚSICAS FAVORITAS

# SUGESTÃO DE ESTUDO DO BAIÃO AVANÇADO

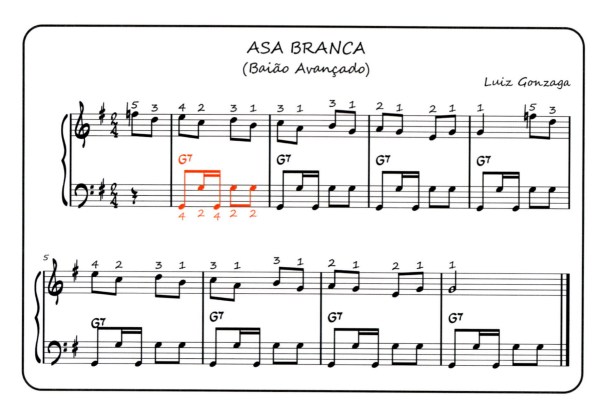

# Padrões Rítmicos de Baião Avançado
(Acompanhamento em acordes)

Marx Marreiro

# SUGESTÃO DE ESTUDO DO FORRÓ AVANÇADO

# Padrões Rítmicos de Forró Avançado
(Acompanhamento em acordes)

Marx Marreiro

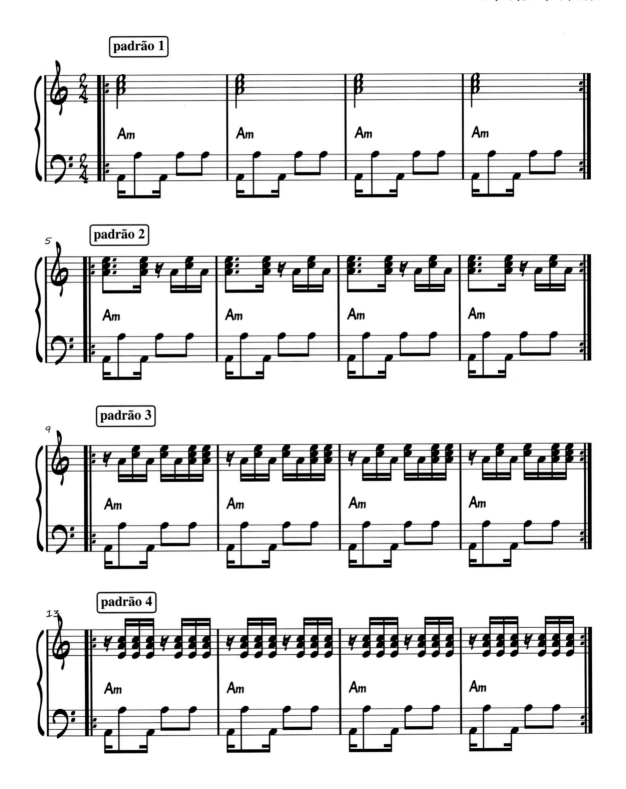

# SUGESTÃO DE ESTUDO DO ARRASTA-PÉ

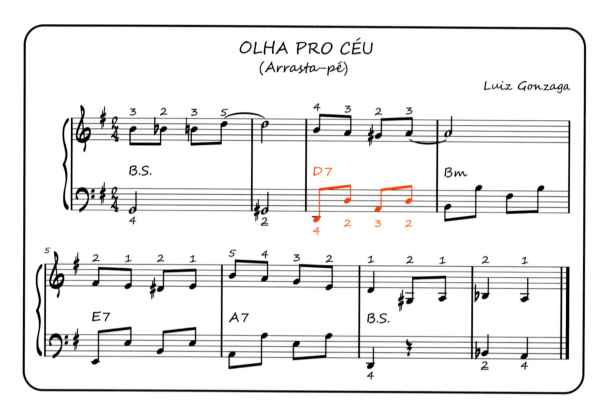

# Padrões Rítmicos De Arrasta-Pé
(Acompanhamento em acordes)

Marx Marreiro

# SUGESTÃO DE ESTUDO DA VANEIRA

## Padrões Rítmicos da Vaneira
(Acompanhamento em acordes)

Marx Marreiro

# SUGESTÃO DE ESTUDO DO CHORO

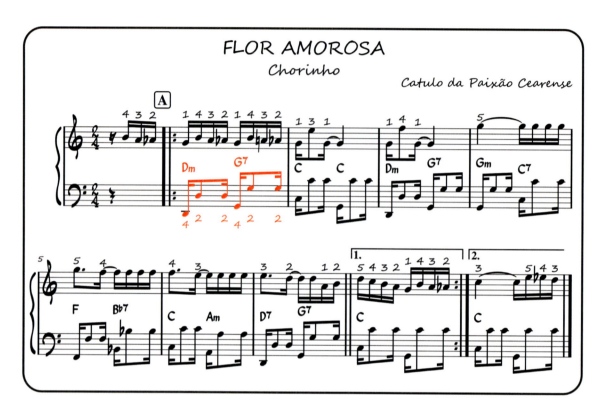

# Padrões Rítmicos de Choro
## (Acompanhamento em acordes)
*Marx Marreiro*

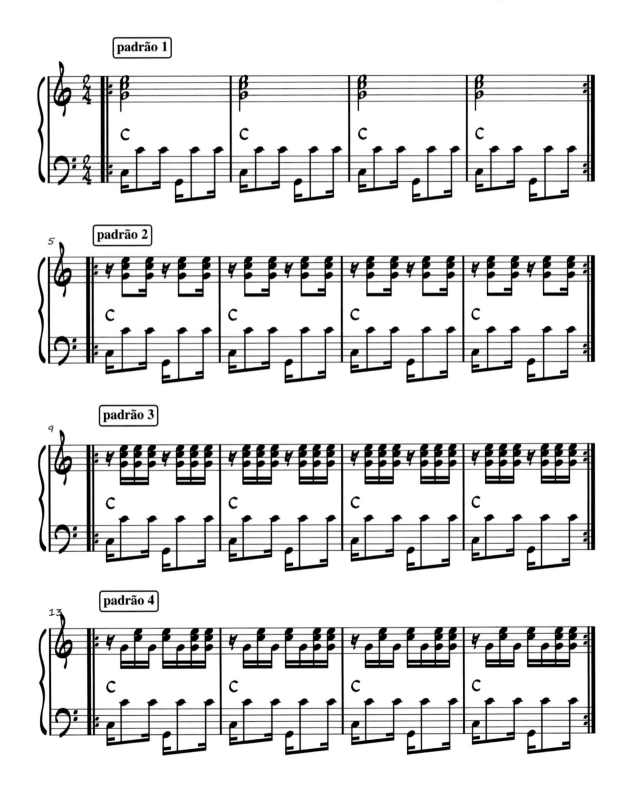

# SUGESTÃO DE ESTUDO DO TANGO

# Padrões Rítmicos de Tango

(Acompanhamento em acordes)

*Marx Marreiro*

## SANFONA SEM SEGREDOS
DO ZERO AS SUAS MÚSICAS FAVORITAS

# ESCALAS E ARPEJOS

# ESCALA MAIOR

### Dó Maior

### Sol Maior

### Ré Maior

### Lá Maior

## Mi Maior

## Si Maior

## Fá# Maior

## Dó# Maior

## Fá Maior

## Sib Maior

## Mib Maior

## Láb Maior

## ESCALA MENOR NATURAL

### Lá menor natural

### Mi menor natural

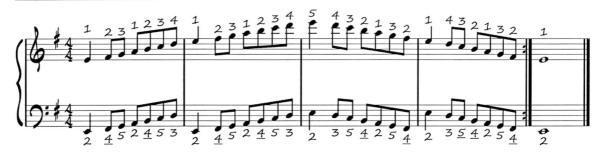

### Si menor natural

### Fá# menor natural

### Dó# menor natural

### Sol# menor natural

### Ré menor natural

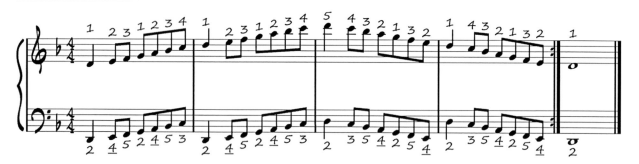

### Sol menor natural

## Dó menor natural

## Fá menor natural

## Sib menor natural

## Mib menor natural

# ESCALA MENOR HARMÔNICA

### Lá menor harmônica

### Mi menor harmônica

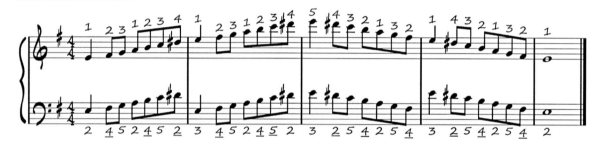

### Si menor harmônica

### Fá# menor harmônica

### Dó# menor harmônica

### Sol# menor harmônica

### Ré menor harmônica

### Sol menor harmônica

### Dó menor harmônica

### Fá menor harmônica

### Sib menor harmônica

### Mib menor harmônica

# ARPEJO MAIOR

### Dó Maior

### Sol Maior

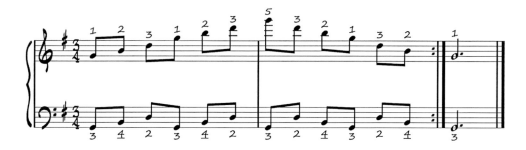

### Ré Maior

### Lá Maior

## Mi Maior

## Si Maior

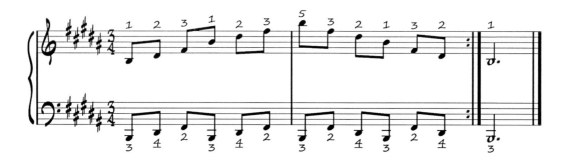

## Fá# Maior

## Dó# Maior

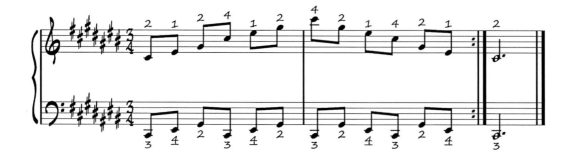

## Fá Maior

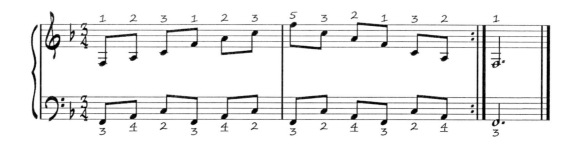

## Sib Maior

## Mib Maior

## Láb Maior

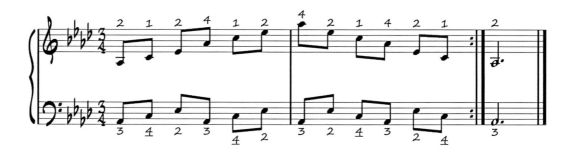

# ARPEJO MENOR

### Lá menor

### Mi menor

### Si menor

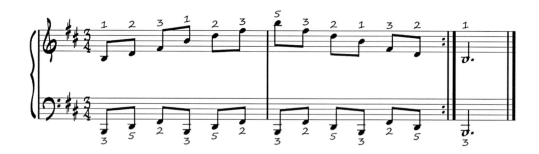

### Fá# menor

### Dó# menor

### Sol# menor

### Ré menor

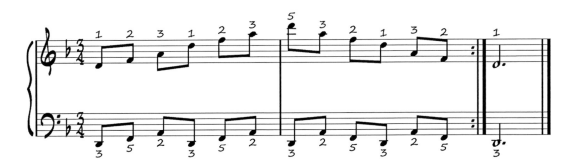

### Sol menor

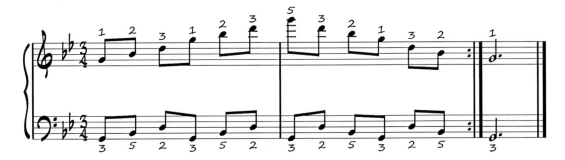

### Dó menor

### Fá menor

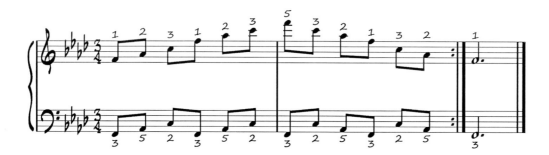

### Sib menor

### Mib menor

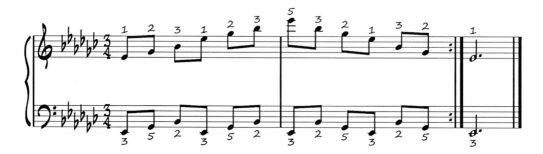

# DICIONÁRIO DE ACORDES

# DICIONÁRIO DE ACORDES RESUMIDO

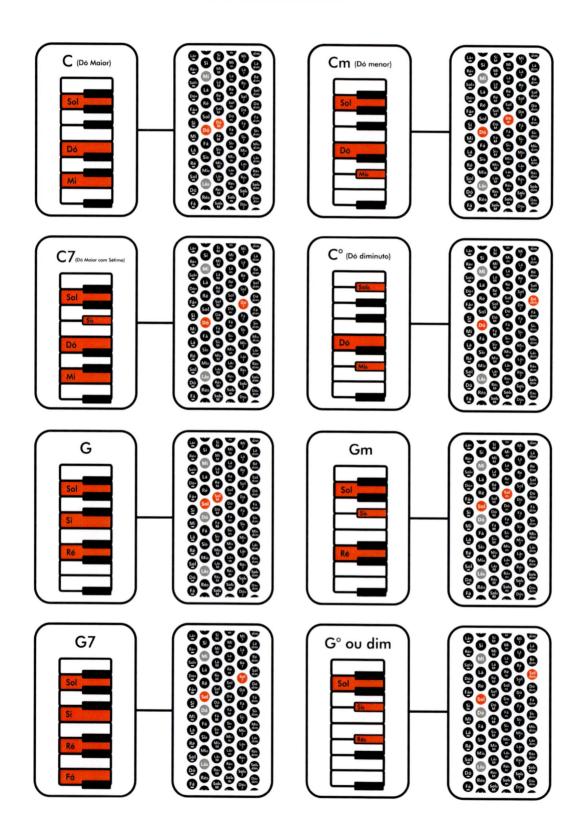

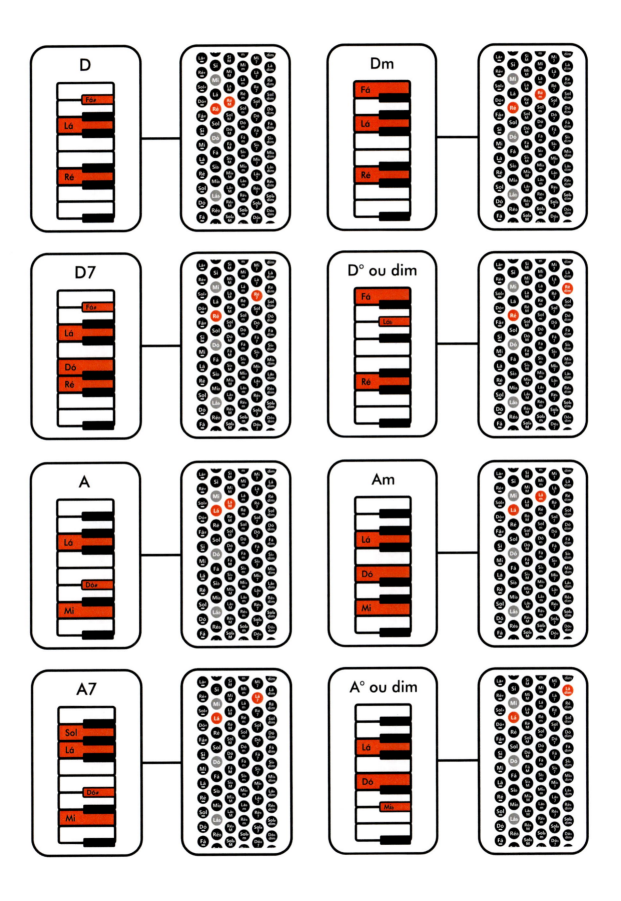

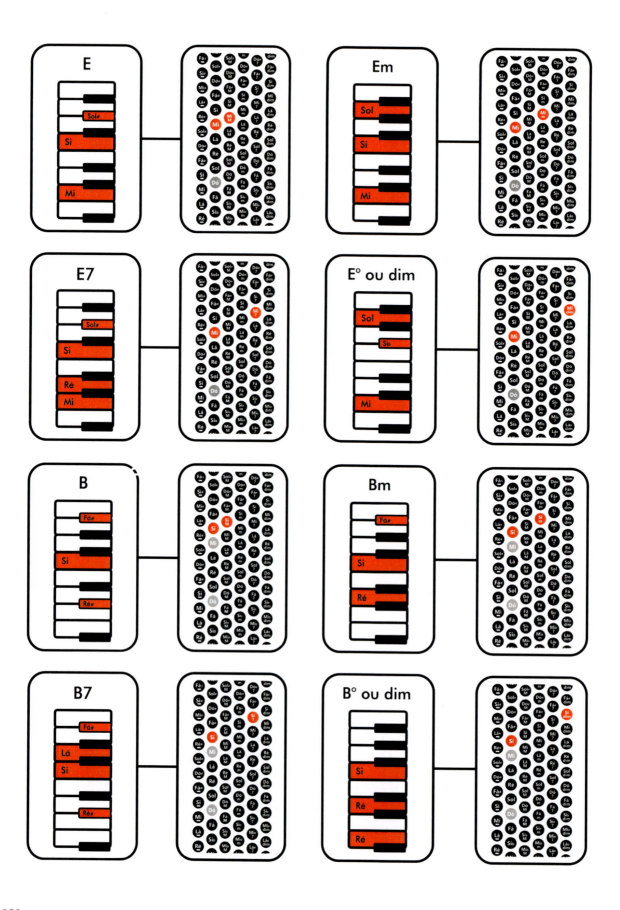

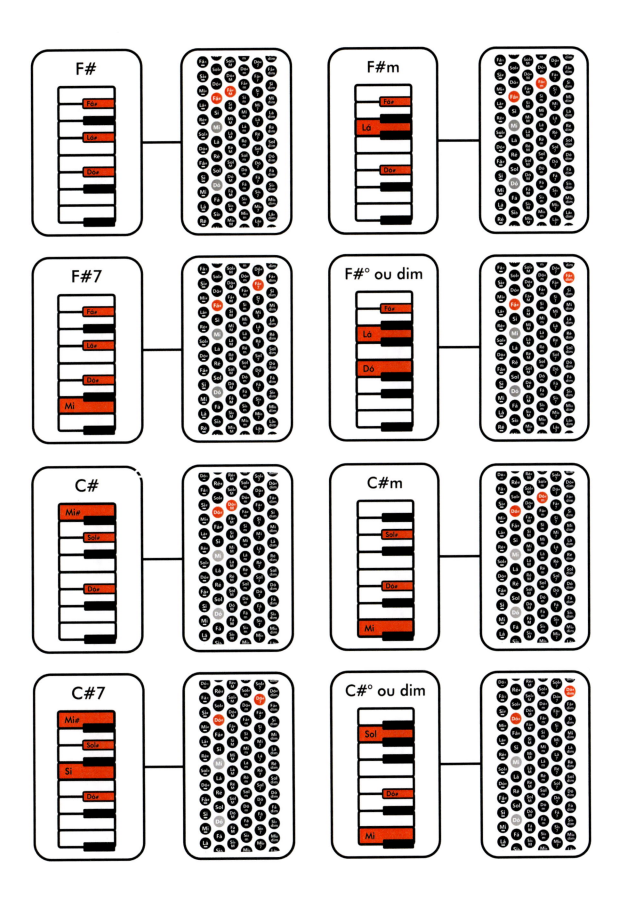

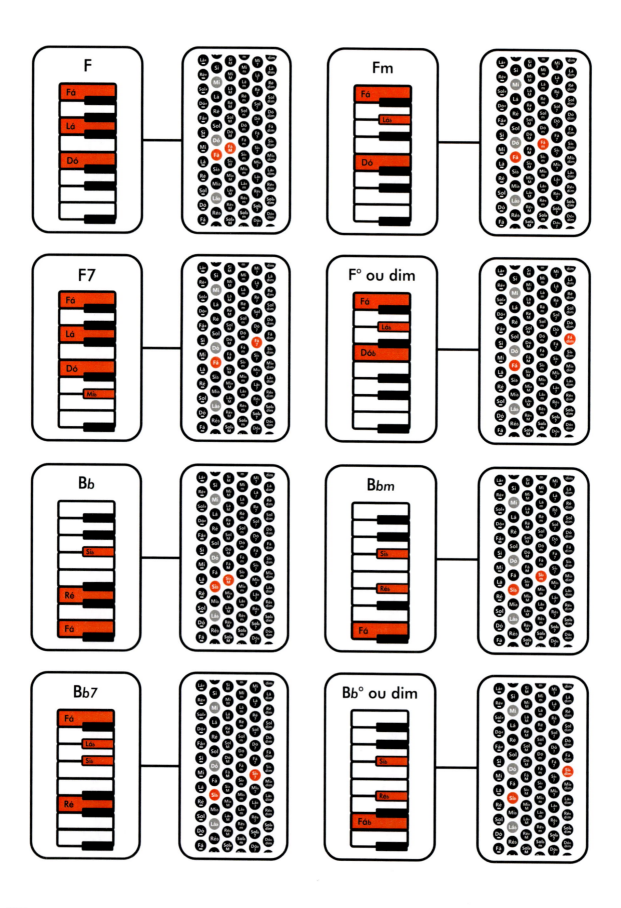

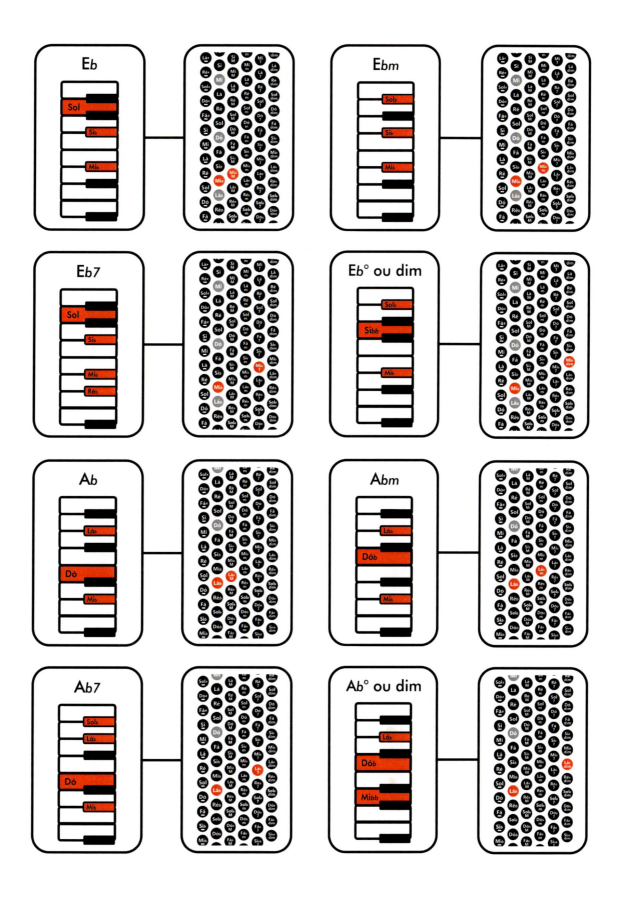